WILLIAM SHAKESPEARE

Julius Cäsar

TRAGÖDIE

ÜBERSETZT VON
AUGUST WILHELM VON SCHLEGEL
HERAUSGEGEBEN VON DIETRICH KLOSE

PHILIPP RECLAM JUN. STUTTGART

Englischer Originaltitel: The Tragedy of Julius Caesar

822-3

Universal-Bibliothek Nr. 9
Alle Rechte vorbehalten. © 1969 Philipp Reclam jun., Stuttgart
Gesamtherstellung: Reclam, Ditzingen. Printed in Germany 1983
ISBN 3-15-000009-2

PERSONEN

Julius Cäsar
Octavius Cäsar
Marcus Antonius
M. Aemilius Lepidus } *Triumvirn, nach dem Tode des Julius Cäsar*

Cicero
Publius
Popilius Lena } *Senatoren*

Marcus Brutus
Cassius
Casca
Trebonius
Ligarius
Decius Brutus
Metellus Cimber
Cinna } *Verschworne gegen Julius Cäsar*

Flavius
Marullus } *Tribunen*

Artemidorus, *ein Sophist von Knidos*
Ein Wahrsager
Cinna, *ein Poet*
Ein andrer Poet

Lucilius
Titinius
Messala
Der junge Cato
Volumnius } *Freunde des Brutus und Cassius*

Varro
Clitus
Claudius
Strato
Lucius
Dardanius } *Diener des Brutus*

Pindarus, *Diener des Cassius*
Calpurnia, *Gemahlin des Cäsar*
Portia, *Gemahlin des Brutus*
Senatoren, Bürger, Wache, Gefolge usw.

Die Szene ist einen großen Teil des Stücks hindurch zu Rom, nachher zu Sardes und bei Philippi.

ERSTER AUFZUG

ERSTE SZENE

Rom. Eine Straße.

(Flavius, Marullus und ein Haufe von Bürgern.)

Flavius. Packt euch nach Haus, ihr Tagediebe! fort!
Ist dies ein Feiertag? Was? wißt ihr nicht,
Daß ihr als Handwerksleut' an Werkeltagen
Nicht ohn' ein Zeichen der Hantierung dürft
Umhergehn? – Welch Gewerbe treibst du? sprich!

Erster Bürger. Nun, Herr, ich bin ein Zimmermann.

Marullus. Wo ist dein ledern Schurzfell und dein Maß?
Was machst du hier in deinen Sonntagskleidern? –
Ihr, Freund, was treibt, Ihr?

Zweiter Bürger. Die Wahrheit zu gestehn, Herr, gegen einen feinen Arbeiter gehalten, mache ich nur, sozusagen, Flickwerk.

Marullus. Doch welch Gewerb'? Antworte gradezu.

Zweiter Bürger. Ein Gewerbe, Herr, das ich mit gutem Gewissen treiben kann, wie ich hoffe. Es besteht darin, einen schlechten Wandel zu verbessern[1].

Marullus.
Welch ein Gewerb', du Schuft? welch ein Gewerb'?

Zweiter Bürger. Nein, ich bitte Euch, Herr, laßt Euch die Geduld nicht reißen. Wenn aber ja was reißt, so gebt Euch nur in meine Hand.

Marullus. Was meinst du damit? Mich in deine Hand geben, du naseweiser Bursch?

Zweiter Bürger. Nun ja, Herr, damit ich Euch flikken kann.

Flavius. Du bist ein Schuhflicker, nicht wahr?

Zweiter Bürger. Im Ernst, Herr, ich bin ein Wundarzt für alte Schuhe: wenn's gefährlich mit ihnen steht, so mache ich sie wieder heil. So hübsche Leute, als jemals auf Rindsleder getreten, sind auf meiner Hände Werk einhergegangen[2].

---

1. *a mender of bad soles* (Ausbesserer schlechter Sohlen). Englisches Wortspiel: *soles – soules* (Sohlen – Seelen).
2. *Truly, sir, all I live by is with the awl* (Wahrhaftig, alles, wovon ich lebe, ist die Ahle). Englisches Wortspiel: *all – awl* (alle – Ahle).

Flavius. Doch warum bist du in der Werkstatt nicht?
Was führst du diese Leute durch die Gassen?
Zweiter Bürger. Meiner Treu, Herr, um ihre Schuhe
abzunutzen, damit ich wieder Arbeit kriege. Doch im
Ernst, Herr, wir machen Feiertag, um den Cäsar zu sehen
und uns über seinen Triumph zu freuen.
Marullus.

> Warum euch freun? Was hat er wohl erobert?
> Was für Besiegte führt er heim nach Rom
> Und fesselt sie zur Zier an seinen Wagen?
> Ihr Blöck'! ihr Steine! schlimmer als gefühllos!
> O harte Herzen! arge Männer Roms!
> Habt ihr Pompejus nicht gekannt? Wie oft
> Stiegt ihr hinan auf Mauern und auf Zinnen,
> Auf Türme, Fenster, ja auf Feueressen,
> Die Kinder auf dem Arm, und saßet da
> Den lieben langen Tag, geduldig wartend,
> Bis durch die Straßen Roms Pompejus zöge?
> Und saht ihr seinen Wagen nur von fern,
> Erhobt ihr nicht ein allgemeines Jauchzen,
> So daß die Tiber bebt' in ihrem Bett,
> Wenn sie des Lärmes Widerhall vernahm
> An ihren hohlen Ufern?
> Und legt ihr nun die Feierkleider an?
> Und spart ihr nun euch einen Festtag aus?
> Und streut ihr nun ihm Blumen auf den Weg,
> Der siegprangt über des Pompejus Blut?
> Hinweg!
> In eure Häuser lauft, fallt auf die Knie,
> Und fleht die Götter an, die Not zu wenden,
> Die über diesen Undank kommen muß!

Flavius. Geht, geht, ihr guten Bürger! und versammelt
> Für dies Vergehen eure armen Brüder;
> Führt sie zur Tiber, weinet eure Tränen
> Ins Flußbett, bis ihr Strom, wo er am flachsten,
> Die höchsten ihrer Uferhöhn küßt.

(Die Bürger ab.)

> Sieh, wie die Schlacken ihres Innern schmelzen!
> Sie schwinden weg, verstummt in ihrer Schuld.
> Geht Ihr *den* Weg, hinab zum Kapitol;
> Hierhin will ich. Entkleidet dort die Bilder,
> Seht Ihr mit Ehrenzeichen sie geschmückt.

Marullus. Ist das erlaubt?
  Ihr wißt, es ist das Luperkalienfest.
Flavius. Es tut nichts: laßt mit den Trophäen Cäsars
  Kein Bild behängt sein. Ich will nun umher
  Und will den Pöbel von den Gassen treiben.
  Das tut auch Ihr, wo Ihr gedrängt sie seht.
  Dies wachsende Gefieder, ausgerupft
  Der Schwinge Cäsars, wird den Flug ihm hemmen,
  Der, über Menschenblicke hoch hinaus,
  Uns alle sonst in knecht'scher Furcht erhielte.
                    (Beide ab.)

ZWEITE SZENE

Ein öffentlicher Platz.

(In einem feierlichen Aufzuge mit Musik[3] kommen Cäsar; Antonius, zum Wettlauf gerüstet; Calpurnia, Portia, Decius, Cicero, Brutus, Cassius und Casca; hinter ihnen ein großes Gedränge, darunter ein Wahrsager.)

Cäsar. Calpurnia!
Casca. Still da! Cäsar spricht.
                    (Die Musik hält inne.)
Cäsar. Calpurnia!
Calpurnia. Hier, mein Gemahl.
Cäsar. Stellt dem Antonius grad Euch in den Weg,
  Wenn er zur Wette[4] läuft. – Antonius!
Antonius. Erlauchter Cäsar?
Cäsar. Vergeßt, Antonius, nicht in Eurer Eil',
  Calpurnia zu berühren; denn es ist
  Ein alter Glaube, unfruchtbare Weiber,
  Berührt bei diesem heil'gen Wettlauf,
  Entladen sich des Fluchs.
Antonius.   Ich werd es merken.
  Wenn Cäsar sagt: tu das, so ist's vollbracht.
Cäsar. Beginnt; laßt nichts von den Gebräuchen aus.
                    (Musik.)

---

3. Die musikalischen Regiebemerkungen fehlen in der Folio.
4. *course* (Rennen, Lauf). Es handelte sich beim Luperkalienfest (Sühnefest am 15. Februar) nicht um ein Wettrennen. Vielmehr liefen junge Männer nackt durch die Stadt und schlugen Passanten mit einem Lederriemen. Bei Frauen sollte dies gegen Unfruchtbarkeit helfen.

W a h r s a g e r. Cäsar!
C ä s a r. He, wer ruft?
C a s c a. Es schweige jeder Lärm: noch einmal still!
            (Die Musik hält inne.)
C ä s a r. Wer ist es im Gedräng', der mich begehrt?
    Durch die Musik dringt gellend eine Stimme,
    Die »Cäsar!« ruft. Sprich! Cäsar neigt sein Ohr.
W a h r s a g e r. Nimm vor des Märzen Idus dich in acht.
C ä s a r. Wer ist der Mann?
B r u t u s.
    Ein Wahrsager; er warnt Euch vor des Märzen Idus.
C ä s a r. Führt ihn mir vor, laßt sein Gesicht mich sehn.
C a s c a.
    Komm aus dem Haufen, Mensch; tritt vor den Cäsar.
C ä s a r. Was sagst du nun zu mir? Sprich noch einmal.
W a h r s a g e r. Nimm vor des Märzen Idus dich in acht.
C ä s a r. Er ist ein Träumer: laßt ihn gehn, und kommt.
    (Ein Marsch. Alle bis auf Brutus und Cassius gehen ab.)
C a s s i u s. Wollt Ihr den Hergang bei dem Wettlauf sehn?
B r u t u s. Ich nicht.
C a s s i u s.   Ich bitt Euch, tut's.
B r u t u s. Ich hab am Spiel nicht Lust, mir fehlt ein Teil
    Vom muntern Geiste des Antonius:
    Doch muß ich Euch in Eurem Wunsch nicht hindern.
    Ich laß Euch, Cassius.
C a s s i u s. Brutus, seit kurzem geb ich acht auf Euch.
    Ich find in Eurem Blick die Freundlichkeit,
    Die Liebe nicht, an die Ihr mich gewöhnt.
    Zu störrisch und zu fremd begegnet Ihr
    Dem Freunde, der Euch liebt.
B r u t u s.   Mein Cassius,
    Betrügt Euch nicht. Hab ich den Blick verschleiert,
    So kehrt die Unruh' meiner Mienen sich
    Nur gegen mich allein. Seit kurzem quälen
    Mich Regungen von streitender Natur,
    Gedanken, einzig für mich selbst geschickt,
    Die Schatten wohl auf mein Betragen werfen.
    Doch laßt dies meine Freunde nicht betrüben
    (Wovon Ihr einer sein müßt, Cassius),
    Noch mein achtloses Wesen anders deuten,
    Als daß, mit sich im Krieg, der arme Brutus
    Den andern Liebe kundzutun vergißt.

C a s s i u s. Dann, Brutus, mißverstand ich Euren Unmut.
Deshalb begrub hier diese Brust Entwürfe
Von großem Werte, würdige Gedanken.
Sagt, Brutus, könnt Ihr Euer Antlitz sehn?
B r u t u s. Nein, Cassius, denn das Auge sieht sich nicht,
Als nur im Widerschein, durch andre Dinge.
C a s s i u s. So ist's;
Und man beklagt sich sehr darüber, Brutus,
Daß Ihr nicht solche Spiegel habt, die Euren
Verborgnen Wert Euch in die Augen rückten,
Auf daß Ihr Euren Schatten säht. Ich hörte,
Wie viele von den ersten Männern Roms
(Nur Cäsarn nehm ich aus), vom Brutus redend
Und seufzend unter dieser Zeiten Joch,
Dem edlen Brutus ihre[5] Augen wünschten.
B r u t u s. Auf welche Wege, Cassius, lockt Ihr mich,
Daß Ihr mich heißt in meinem Innern suchen,
Was doch nicht in mir ist?
C a s s i u s. Drum, lieber Brutus, schickt Euch an zu hören;
Und weil Ihr wißt, Ihr könnt Euch selbst so gut
Nicht sehn als durch den Widerschein, so will
Ich, Euer Spiegel, Euch bescheidentlich
Von Euch entdecken, was Ihr noch nicht wißt.
Und denkt von mir kein Arges, werter Brutus.
Wär' ich ein Lacher aus der Menge; pflegt' ich
Mein Herz durch Alltagsschwüre jedem neuen
Beteurer auszubieten; wenn Ihr wißt,
Daß ich die Menschen streichle, fest sie herze
Und dann sie lästre; oder wenn Ihr wißt,
Daß ich beim Schmaus mich mit der ganzen Schar
Verbrüdern mag, dann hütet Euch vor mir.
(Trompeten und Freudengeschrei.)
B r u t u s. Was heißt dies Jauchzen? Wie ich fürchte, wählt
Das Volk zum König Cäsarn.
C a s s i u s.   Fürchtet Ihr's?
Das hieße ja, Ihr möchtet es nicht gern.
B r u t u s. Nein, Cassius, nicht gern; doch lieb ich ihn.
Doch warum haltet Ihr mich hier so lange?
Was ist es, das Ihr mir vertrauen möchtet?
Ist's etwas, dienlich zum gemeinen Wohl,

---

5. *his eyes* (seine Augen).

Stellt Ehre vor ein Auge, Tod vors andre,
Und beide seh ich gleiches Mutes an.
Die Götter sei'n mir günstig, wie ich mehr
Die Ehre lieb, als vor dem Tod mich scheue.
C a s s i u s. Ich weiß, daß diese Tugend in Euch wohnt,
So gut ich Euer äußres Ansehn kenne.
Wohl! Ehre ist der Inhalt meiner Rede.
Ich weiß es nicht, wie Ihr und andre Menschen
Von diesem Leben denkt; mir, für mich selbst,
Wär' es so lieb, nicht dasein, als zu leben
In Furcht vor einem Wesen wie ich selbst.
Ich kam wie Cäsar frei zur Welt, so Ihr;
Wir nährten uns so gut, wir können beide
So gut wie er des Winters Frost ertragen.
Denn einst, an einem rauhen, stürm'schen Tage,
Als wild die Tiber an ihr Ufer tobte,
Sprach Cäsar zu mir: »Wagst du, Cassius, nun
Mit mir zu springen in die zorn'ge Flut,
Und bis dorthin zu schwimmen?« – Auf dies Wort,
Bekleidet, wie ich war, stürzt' ich hinein
Und hieß ihn folgen; wirklich tat er's auch.
Der Strom brüllt' auf uns ein; wir schlugen ihn
Mit wackern Sehnen, warfen ihn beiseit
Und hemmten ihn mit einer Brust des Trotzes.
Doch eh' wir das gewählte Ziel erreicht,
Rief Cäsar: »Hilf mir, Cassius! ich sinke.«
Ich, wie Äneas, unser großer Ahn,
Aus Trojas Flammen einst auf seinen Schultern
Den alten Vater trug, so aus den Wellen
Zog ich den müden Cäsar. – Und *der* Mann
Ist nun zum Gott erhöht, und Cassius ist
Ein arm Geschöpf und muß den Rücken beugen,
Nickt Cäsar nur nachlässig gegen ihn.
Als er in Spanien war, hatt' er ein Fieber,
Und wenn der Schau'r ihn ankam, merkt' ich wohl
Sein Beben: ja, er bebte, dieser Gott!
Das feige Blut der Lippen nahm die Flucht,
Sein Auge, dessen Blick die Welt bedräut,
Verlor den Glanz, und ächzen hört' ich ihn.
Ja, dieser Mund, der horchen hieß die Römer
Und in ihr Buch einzeichnen seine Reden,
Ach, rief: »Titinius! gib mir zu trinken!«

Wie'n krankes Mädchen. Götter! ich erstaune,
Wie nur ein Mann so schwächlicher Natur
Der stolzen Welt den Vorsprung abgewann
Und nahm die Palm' allein.
                (Jubelgeschrei. Trompeten.)
Brutus.   Ein neues Jauchzen!
     Ich glaube, dieser Beifall gilt den Ehren,
     Die man auf Cäsars Haupt von neuem häuft.
Cassius. Ja, er beschreitet, Freund, die enge Welt
     Wie ein Kolossus, und wir kleinen Leute,
     Wir wandeln unter seinen Riesenbeinen
     Und schaun umher nach einem schnöden Grab.
     Der Mensch ist manchmal seines Schicksals Meister:
     Nicht durch die Schuld der Sterne, lieber Brutus,
     Durch eigne Schuld nur sind wir Schwächlinge.
     Brutus und Cäsar – was steckt doch in dem »Cäsar«,
     Daß man den Namen mehr als Euren spräche?
     Schreibt sie zusammen: ganz so schön ist Eurer;
     Sprecht sie: er steht den Lippen ganz so wohl;
     Wägt sie: er ist so schwer; beschwört mit ihnen:
     »Brutus« ruft Geister auf so schnell wie »Cäsar«.
     ⟨Nun denn, im Namen der gesamten Götter,
     Mit was für Speise nährt der Cäsar sich,
     Daß er so groß ward? Zeit, du bist entehrt!
     Rom, du verlorst die Kraft des Heldenstammes!
     Welch Alter schwand wohl seit der großen Flut,
     Das nicht geglänzt durch mehr als *einen* Mann?
     Wer sagte jemals, wenn er sprach von Rom,
     Es faß ihr[6] weiter Kreis nur *einen* Mann?⟩
     Nun ist in Rom fürwahr des Raums genug:
     Find't man darin nur einen einz'gen Mann.
     Oh, beide hörten wir von unsern Vätern,
     Einst gab es einen Brutus, der so gern
     Des alten Teufels Hof als einen König
     Geduldet hätt' in Rom.
Brutus. Daß Ihr mich liebt, bezweifl' ich keineswegs;
     Worauf Ihr bei mir dringt, das ahn ich wohl;
     Was ich davon gedacht und von den Zeiten,
     Erklär ich Euch in Zukunft. Doch für jetzt
     Möcht' ich, wenn ich Euch freundlich bitten darf,

6. Rom als Femininum behandelt.

    Nicht mehr getrieben sein. Was Ihr gesagt,
    Will ich erwägen; was Ihr habt zu sagen,
    Mit Ruhe hören, und gelegne Zeit,
    So hohe Dinge zu besprechen, finden.
    Bis dahin, edler Freund, beherzigt dies:
    Brutus wär' lieber eines Dorfs Bewohner,
    Als sich zu zählen zu den Söhnen Roms
    In solchem harten Stand, wie diese Zeit
    Uns aufzulegen droht.
C a s s i u s. Ich bin erfreut, daß meine schwachen Worte
    Dem Brutus so viel Funken nur entlockt.
        (Cäsar und sein Zug kommen zurück.)
B r u t u s. Das Spiel ist aus, und Cäsar kehrt zurück.
C a s s i u s. Wenn sie uns nahn, zupft Casca nur am Ärmel,
    Er wird nach seiner mürr'schen Art Euch sagen,
    Was von Belang sich heut ereignet hat.
B r u t u s. Ich will es tun. Doch seht nur, Cassius,
    Auf Cäsars Stirne glüht der zorn'ge Fleck,
    Die andern sehn gescholtnen Dienern gleich.
    Calpurnias Wang' ist blaß, und Cicero
    Blickt mit so feurigen und roten Augen,
    Wie wir ihn wohl im Kapitol gesehn,
    Wenn Senatoren ihn im Rat bestritten.
C a s s i u s. Casca wird uns berichten, was es gibt.
C ä s a r. Antonius!
A n t o n i u s. Cäsar?
C ä s a r. Laßt wohlbeleibte Männer um mich sein,
    Mit glatten Köpfen und die nachts gut schlafen.
    Der Cassius dort hat einen hohlen Blick;
    Er denkt zuviel: die Leute sind gefährlich.
A n t o n i u s. O fürchtet *den* nicht: er ist nicht gefährlich.
    Er ist ein edler Mann und wohlbegabt[7].
C ä s a r. Wär' er nur fetter! – Zwar ich fürcht ihn nicht;
    Doch wäre Furcht nicht meinem Namen fremd,
    Ich kenne niemand, den ich eher miede
    Als diesen hagern Cassius. Er liest viel;
    Er ist ein großer Prüfer und durchschaut
    Das Tun der Menschen ganz; er liebt kein Spiel
    Wie du, Antonius; hört nicht Musik;
    Er lächelt selten, und auf solche Weise,

---

7. *well given* (gutgeartet).

Als spott' er sein, verachte seinen Geist,
Den irgendwas zum Lächeln bringen konnte.
Und solche Männer haben nimmer Ruh',
Solang sie jemand größer sehn als sich.
Das ist es, was sie so gefährlich macht.
Ich sag dir eher, was zu fürchten stände,
Als was ich fürchte: ich bin stets doch Cäsar.
Komm mir zur Rechten, denn dies Ohr ist taub,
Und sag mir wahrhaft, was du von ihm denkst.
(Cäsar und sein Gefolge ab. Casca bleibt zurück.)

C a s c a. Ihr zogt am Mantel mich: wollt Ihr mich sprechen?
B r u t u s. Ja, Casca, sag uns, was sich heut begeben,
Daß Cäsar finster sieht.
C a s c a. Ihr wart ja bei ihm: wart Ihr nicht?
B r u t u s. Dann fragt' ich Casca nicht, was sich begeben.
C a s c a. Nun, man bot ihm eine Krone an, und als man sie
ihm anbot, schob er sie mit dem Rücken der Hand zurück:
so –; und da erhob das Volk ein Jauchzen.
B r u t u s. Worüber jauchzten sie zum andernmal?
C a s c a. Nun, auch darüber.
C a s s i u s. Sie jauchzten dreimal ja; warum zuletzt?
C a s c a. Nun, auch darüber.
B r u t u s. Wurd' ihm die Krone dreimal angeboten?
C a s c a. Ei, meiner Treu, wurde sie's, und er schob sie drei-
mal zurück, jedesmal sachter als das vorige Mal, und bei
jedem Zurückschieben jauchzten meine ehrlichen alten
Freunde.
C a s s i u s. Wer bot ihm die Krone an?
C a s c a. Je nun, Antonius.
B r u t u s. Sagt uns die Art und Weise, lieber Casca.
C a s c a. Ich kann mich ebensogut hängen lassen, als euch
die Art und Weise erzählen: es waren nichts als Possen,
ich gab nicht acht darauf. Ich sah den Mark Anton ihm
eine Krone anbieten – doch eigentlich war's keine rechte
Krone, es war so 'ne Art von Stirnband –, und wie ich
euch sagte, er schob sie einmal beiseite; aber bei allem dem
hätte er sie nach meinem Bedünken gern gehabt. Dann bot
er sie ihm nochmals an, und dann schob er sie nochmals
zurück; aber nach meinem Bedünken kam es ihm hart an,
die Finger wieder davon zu tun. Und dann bot er sie ihm
zum dritten Male an; er schob sie zum dritten Male zurück, und jedesmal, daß er sie ausschlug, kreischte das Ge-

sindel und klatschte in die rauhen Fäuste und warfen die schweißigen Nachtmützen in die Höhe und gaben eine solche Last stinkenden Atems von sich, weil Cäsar die Krone ausschlug, daß Cäsar fast daran erstickt wäre; denn er ward ohnmächtig und fiel nieder, und ich für mein Teil wagte nicht zu lachen, aus Furcht, ich möchte den Mund auftun und die böse Luft einatmen.

C a s s i u s.
Still doch! ich bitt Euch. Wie? er fiel in Ohnmacht?

C a s c a. Er fiel auf dem Marktplatze nieder, hatte Schaum vor dem Munde und war sprachlos.

B r u t u s. Das mag wohl sein: er hat die fallende Sucht.

C a s s i u s. Nein, Cäsar hat sie nicht. Doch Ihr und ich
Und unsrer wackrer Casca: wir haben sie.

C a s c a. Ich weiß nicht, was Ihr damit meint; aber ich bin gewiß, Cäsar fiel nieder. Wenn das Lumpenvolk ihn nicht beklatschte und auszischte, je nachdem er ihnen gefiel oder mißfiel, wie sie es mit den Komödianten auf dem Theater machen, so bin ich kein ehrlicher Kerl.

B r u t u s. Was sagt' er, als er zu sich selber kam?

C a s c a. Ei nun, eh' er hinfiel, als er merkte, daß der gemeine Haufe sich freute, daß er die Krone ausschlug, so riß er euch sein Wams auf und bot ihnen seinen Hals zum Abschneiden – triebe ich irgend 'ne Hantierung, so will ich mit den Schuften zur Hölle fahren, wo ich ihn nicht beim Wort genommen hätte –, und damit fiel er hin. Als er wieder zu sich selbst kam, sagte er, wenn er irgendwas Unrechtes getan oder gesagt hätte, so bäte er Ihre Edeln, es seinem Übel beizumessen. Drei oder vier Weibsbilder, die bei mir standen, riefen: »Ach, die gute Seele!« und vergaben ihm von ganzem Herzen. Doch das gilt freilich nicht viel; wenn er ihre Mütter totgeschlagen hätte, sie hätten's ebensogut getan.

B r u t u s. Und darauf ging er so verdrießlich weg?

C a s c a. Ja.

C a s s i u s. Hat Cicero etwas gesagt?

C a s c a. Ja, er sprach griechisch.

C a s s i u s. Was wollt' er denn?

C a s c a. Ja, wenn ich Euch das sage, so will ich Euch niemals wieder vor die Augen kommen. Aber die ihn verstanden, lächelten einander zu und schüttelten die Köpfe. Doch was mich anlangt, mir war es Griechisch. Ich kann

Euch noch mehr Neues erzählen: dem Marullus und Fla-
vius ist das Maul gestopft, weil sie Binden von Cäsars
Bildsäulen gerissen haben. Lebt wohl! Es gab noch mehr
Possen, wenn ich mich nur darauf besinnen könnte.

C a s s i u s. Wollt Ihr heute Abend bei mir speisen, Casca?

C a s c a. Nein, ich bin schon versagt.

C a s s i u s. Wollt Ihr morgen bei mir zu Mittag speisen?

C a s c a. Ja, wenn ich lebe, und Ihr bei Eurem Sinne bleibt
und Eure Mahlzeit das Essen verlohnt.

C a s s i u s. Gut, ich erwart Euch.

C a s c a. Tut das: lebt beide wohl. *(Ab.)*

B r u t u s. Was für ein plumper Bursch ist dies geworden?
Er war voll Feuer als mein Schulgenoß.

C a s s i u s. Das ist er jetzt noch bei der Ausführung
Von jedem kühnen, edlen Unternehmen,
Stellt er sich schon so unbeholfen an.
Dies rauhe Wesen dient gesundem Witz
Bei ihm zur Brüh': es stärkt der Leute Magen,
Eßlustig seine Reden zu verdaun.

B r u t u s. So ist es auch. Für jetzt verlaß ich Euch,
Und morgen, wenn Ihr wünscht mit mir zu sprechen,
Komm ich zu Euch ins Haus; doch wenn Ihr wollt,
So kommt zu mir, und ich will Euch erwarten.

C a s s i u s. Das will ich: bis dahin gedenkt der Welt.
                    (Brutus ab.)
Gut, Brutus, du bist edel; doch ich sehe,
Dein löbliches Gemüt kann seiner Art
Entwendet werden. Darum ziemt es sich,
Daß Edle sich zu Edlen immer halten.
Wer ist so fest, den nichts verführen kann?
Cäsar ist feind mir, und er liebt den Brutus.
Doch wär' ich Brutus nun, er Cassius,
Er sollte mich nicht lenken. Diese Nacht
Werf ich ihm Zettel von verschiednen Händen,
Als ob sie von verschiednen Bürgern kämen,
Durchs Fenster, alle voll der großen Meinung,
Die Rom von seinem Namen hegt, wo dunkel
Auf Cäsars Ehrsucht soll gedeutet sein.
Dann denke Cäsar seines nahen Falles,
Wir stürzen bald ihn oder dulden alles. *(Ab.)*

DRITTE SZENE

Eine Straße.

Donner und Blitz. (Casca mit gezognem Schwert und Cicero
kommen von verschiednen Seiten.)

C i c e r o. Guten Abend, Casca! Kommt Ihr her vom Cäsar?
 Warum so atemlos und so verstört?
C a s c a. Bewegt's Euch nicht, wenn dieses Erdballs Veste
 Wankt wie ein schwaches Rohr? O Cicero!
 Ich sah wohl Stürme, wo der Winde Schelten
 Den knot'gen Stamm gespalten, und ich sah
 Das stolze Meer anschwellen, wüten, schäumen,
 Als wollt' es an die drohnden Wolken reichen.
 Doch nie bis heute nacht, noch nie bis jetzt
 Ging ich durch einen Feuerregen hin.
 Entweder ist im Himmel innrer Krieg,
 Wo nicht, so reizt die Welt durch Übermut
 Die Götter, uns Zerstörung herzusenden.
C i c e r o. Ja, saht Ihr jemals wundervollre Dinge?
C a s c a. Ein Sklave, den Ihr wohl von Ansehn kennt,
 Hob seine linke Hand empor; sie flammte
 Wie zwanzig Fackeln auf einmal, und doch,
 Die Glut nicht fühlend, blieb sie unversengt.
 Auch kam (seitdem steck' ich mein Schwert nicht ein)
 Beim Kapitol ein Löwe mir entgegen.
 Er gaffte starr mich an, ging mürrisch weiter
 Und tat mir nichts. Auf einen Haufen hatten
 Wohl hundert bleiche Weiber sich gedrängt,
 Entstellt von Furcht; die schwuren, daß sie Männer
 Mit feur'gen Leibern wandern auf und ab
 Die Straßen sahn. Und gestern saß der Vogel
 Der Nacht sogar am Mittag auf dem Markte
 Und kreischt' und schrie. Wenn dieser Wunderzeichen
 So viel zusammentreffen, sage niemand:
 »Dies ist der Grund davon, sie sind natürlich.«
 Denn Dinge schlimmer Deutung, glaub ich, sind's
 Dem Himmelstrich, auf welchen sie sich richten.
C i c e r o. Gewiß, die Zeit ist wunderbar gelaunt.
 Doch Menschen deuten oft nach ihrer Weise
 Die Dinge, weit entfernt vom wahren Sinn.
 Kommt Cäsar morgen auf das Kapitol?

C a s c a. Ja, denn er trug es dem Antonius auf,
    Euch kundzutun, er werde morgen kommen.
C i c e r o. Schlaft wohl denn, Casca! Dieser Aufruhr läßt
    Nicht draußen weilen.
C a s c a.   Cicero, lebt wohl!
                (Cicero ab.)
           (Cassius tritt auf.)
C a s s i u s. Wer da?
C a s c a.   Ein Römer.
C a s s i u s.   Casca, nach der Stimme.
C a s c a. Eu'r Ohr ist gut. Cassius, welch eine Nacht?
C a s s i u s. Die angenehmste Nacht für wackre Männer.
C a s c a. Wer sah den Himmel je so zornig drohn?
C a s s i u s. Die, welche so voll Schuld die Erde sahn.
    Ich, für mein Teil, bin durch die Stadt gewandert,
    Mich unterwerfend dieser grausen Nacht;
    Und so entgürtet, Casca, wie Ihr seht,
    Hab ich die Brust dem Donnerkeil entblößt.
    Und wenn des Blitzes schlängelnd Blau zu öffnen
    Des Himmels Busen schien, bot ich mich selbst
    Dem Strahl des Wetters recht zum Ziele dar.
C a s c a. Warum versuchtet Ihr den Himmel so?
    Es steht den Menschen Furcht und Zittern an,
    Wenn die gewalt'gen Götter solche Boten
    Furchtbarer Warnung, uns zu schrecken, senden.
C a s s i u s. O Casca! Ihr seid stumpf: der Lebensfunke,
    Der glühen sollt' in Römern, fehlt Euch, oder
    Ihr braucht ihn nicht. Ihr sehet bleich und starrt,
    Von Furcht ergriffen und versenkt in Staunen,
    Des Himmels ungewohnten Grimm zu schauen.
    Doch wolltet Ihr den wahren Grund erwägen,
    Warum die Feu'r, die irren Geister alle,
    Was Tier' und Vögel macht vom Stamm entarten
    Und Greise faseln, Kinder prophezein;
    Warum all diese Dinge ihr Gesetz,
    Natur und angeschaffne Gaben wandeln
    In Mißbeschaffenheit: nun so erkennt Ihr,
    Der Himmel hauchte diesen Geist in sie,
    Daß sie der Furcht und Warnung Werkzeug würden
    Für irgendeinen mißbeschaffnen Staat[8].

8. *monstrous state* (unnatürlicher Zustand).

Nun könnt' ich, Casca, einen Mann dir nennen,
Ganz ähnlich dieser schreckenvollen Nacht,
Der donnert, blitzt, die Gräber öffnet, brüllt,
So wie der Löwe dort im Kapitol;
Ein Mann, nicht mächtiger als ich und du
An Leibeskraft, doch drohend angewachsen,
Und furchtbar, wie der Ausbruch dieser Gärung.

C a s c a. 's ist Cäsar, den Ihr meint. Nicht, Cassius?

C a s s i u s. Es sei auch, wer es sei: die Römer haben
Jetzt Mark und Bein, wie ihre Ahnen hatten.
Doch weh uns! unsrer Väter Geist ist tot,
Und das Gemüt der Mütter lenket uns,
Denn unser Joch und Dulden zeigt uns weibisch.

C a s c a. Ja freilich heißt's, gewillt sei der Senat,
Zum König morgen Cäsarn einzusetzen;
Er soll zur See, zu Land die Krone tragen,
An jedem Ort, nur in Italien nicht.

C a s s i u s. Ich weiß, wohin ich diesen Dolch dann kehre,
Denn Cassius soll von Knechtschaft Cassius lösen.
Darin, ihr Götter, macht ihr Schwache stark,
Darin, ihr Götter, bändigt ihr Tyrannen:
Noch felsenfeste Burg, noch eh'rne Mauern,
Noch dumpfe Kerker, noch der Ketten Last
Sind Hindernisse für des Geistes Stärke.
Das Leben, dieser Erdenschranken satt,
Hat stets die Macht, sich selber zu entlassen.
Und weiß ich dies, so wiss' auch alle Welt:
Den Teil der Tyrannei, der auf mir liegt,
Werf ich nach Willkür ab.

(Immer noch Donner.)

C a s c a.   Das kann auch ich.
So trägt ein jeder Sklav' in eigner Hand
Gewalt, zu brechen die Gefangenschaft.

C a s s i u s. Warum denn wäre Cäsar ein Tyrann?
Der arme Mann! Ich weiß, er wär' kein Wolf,
Wenn er nicht säh', die Römer sind nur Schafe.
Er wär' kein Leu, wenn sie nicht Rehe wären.
Wer eilig will ein mächtig Feuer machen,
Nimmt schwaches Stroh zuerst: was für Gestrüpp
Ist Rom und was für Plunder, wenn es dient
Zum schlechten Stoff, der einem schnöden Dinge
Wie Cäsar Licht verleiht? Doch oh, mein Gram!

> Wo führtest du mich hin? Ich spreche dies
> Vielleicht vor einem will'gen Knecht: dann weiß ich,
> Daß ich muß Rede stehn; doch führ ich Waffen,
> Und mich bekümmern die Gefahren nicht.

C a s c a. Ihr sprecht mit Casca, einem Mann, der nie
> Ein Ohrenbläser war. Hier meine Hand!
> Werbt nur Partei zur Abstellung der Übel,
> Und dieser Fuß soll Schritt mit jedem halten,
> Der noch so weit geht.

C a s s i u s.   Ein geschloßner Handel!
> Nun, Casca, wißt: ich habe manche schon
> Der Edelmütigsten von Rom beredet,
> Mit mir ein Unternehmen zu bestehn
> Von ehrenvoll-gefährlichem Erfolg.
> Ich weiß, sie warten in Pompejus' Halle
> Jetzt eben mein: denn in der furchtbarn Nacht
> Kann niemand unter freiem Himmel dauern.
> Des Elementes Antlitz und Gestalt
> Ist wie das Werk beschaffen, das wir treiben,
> Höchst blutig, feurig und höchst fürchterlich.

(Cinna tritt auf.)

C a s c a. Seid still ein Weilchen, jemand kommt in Eil'.

C a s s i u s. Ich hör am Gange, daß es Cinna ist;
> Er ist ein Freund. – Cinna, wohin so eilig?

C i n n a.
> Euch sucht' ich. Wer ist das? Metellus Cimber?

C a s s i u s. Nein, es ist Casca, ein Verbündeter
> Zu unsrer Tat. Werd ich erwartet, Cinna?

C i n n a. Das ist mir lieb. Welch eine grause Nacht!
> Ein paar von uns sahn seltsame Gesichte.

C a s s i u s. Werd ich erwartet, sagt mir?

C i n n a.   Ja,
> Ihr werdet es. O Cassius! könntet Ihr
> In unsern Bund den edlen Brutus ziehn –

C a s s i u s. Seid ruhig. Guter Cinna, diesen Zettel,
> Seht, wie Ihr in des Prätors Stuhl ihn legt,
> Daß Brutus nur ihn finde; diesen werft
> Ihm in das Fenster; diesen klebt mit Wachs
> Ans Bild des alten Brutus. Dies getan,
> Kommt zu Pompejus' Hall' und trefft uns dort.
> Ist Decius Brutus und Trebonius da?

C i n n a. Ja, alle bis auf Cimber, und der sucht

In Eurem Haus Euch auf. Gut, ich will eilen,
Die Zettel anzubringen, wie Ihr wünscht.

C a s s i u s. Dann stellt Euch ein bei des Pompejus' Bühne.
(*Cinna ab.*)
Kommt, Casca, laßt uns beide noch vor Tag
In seinem Hause Brutus sehn. Drei Viertel
Von ihm sind unser schon; der ganze Mann
Ergibt sich bei dem nächsten Angriff uns.

C a s c a. Oh, er sitzt hoch in alles Volkes Herzen,
Und was in uns als Frevel nur erschiene,
Sein Ansehn wird es, wie der Stein der Weisen,
In Tugend wandeln und in Würdigkeit.

C a s s i u s. Ihn, seinen Wert, wie sehr wir ihn bedürfen,
Habt Ihr recht wohl getroffen. Laßt uns gehn,
Es ist nach Mitternacht: wir wollen ihn
Vor Tage wecken und uns sein versichern.
(*Beide ab.*)

ZWEITER AUFZUG

ERSTE SZENE

Rom. Der Garten des Brutus.

(*Brutus tritt auf.*)

B r u t u s. He, Lucius! auf! –
Ich kann nicht aus der Höh' der Sterne raten,
Wie nah der Tag ist. – Lucius, hörst du nicht? –
Ich wollt', es wär' mein Fehler, so zu schlafen. –
Nun, Lucius, nun! Ich sag: erwach! Auf, Lucius!
(*Lucius kommt.*)

L u c i u s. Herr, riefet Ihr?

B r u t u s. Bring eine Kerze mir ins Lesezimmer,
Und wenn sie brennt, so komm und ruf mich hier

L u c i u s. Ich will es tun, Herr. (*Ab.*)

B r u t u s. Es muß durch seinen Tod geschehn. Ich habe
Für *mein* Teil keinen Grund, ihn wegzustoßen,
Als fürs gemeine Wohl. Er wünscht, gekrönt zu sein:
Wie seinen Sinn das ändern möchte, fragt sich.

Der warme Tag ist's, der die Natter zeugt;
Das heischt mit Vorsicht gehn. Ihn krönen? – Das –
Und dann ist's wahr, wir leihn ihm einen Stachel,
Womit er kann nach Willkür Schaden tun.
Der Größe Mißbrauch ist, wenn von der Macht
Sie das Gewissen trennt: und, um von Cäsarn
Die Wahrheit zu gestehn, ich sah noch nie,
Daß ihn die Leidenschaften mehr beherrscht
Als die Vernunft. Doch oft bestätigt sich's,
Die Demut ist der jungen Ehrsucht Leiter;
Wer sie hinanklimmt, kehrt den Blick ihr zu,
Doch hat er erst die höchste Spross' erreicht,
Dann kehret er der Leiter seinen Rücken,
Schaut himmelan, verschmäht die niedern Tritte,
Die ihn hinaufgebracht. Das kann auch Cäsar:
Drum, eh' er kann, beugt vor. Und weil der Streit
Nicht Schein gewinnt durch das, was Cäsar ist,
Legt so ihn aus: das, was er ist, vergrößert,
Kann dies und jenes Übermaß erreichen.
Drum achtet ihn gleich einem Schlangenei,
Das, ausgebrütet, giftig würde werden
Wie sein Geschlecht, und würgt ihn in der Schale.
                    (Lucius kommt zurück.)

L u c i u s. Die Kerze brennt in Eurem Zimmer, Herr.
    Als ich nach Feuerstein im Fenster suchte,
    Fand ich dies Blatt, versiegelt; und ich weiß,
    Es war nicht da, als ich zu Bette ging.
    (Gibt ihm den Brief.)

B r u t u s. Geh wieder in dein Bett: es ist noch Nacht.
    Ist morgen nicht des Märzen Idus, Knabe?

L u c i u s. Ich weiß nicht, Herr.

B r u t u s. Such im Kalender denn, und sag es mir.

L u c i u s. Das will ich, Herr. *(Ab.)*

B r u t u s. Die Ausdünstungen, schwirrend in der Luft,
    Gewähren Licht genug, dabei zu lesen.
    (Er öffnet den Brief und liest.)
    »Brutus, du schläfst. Erwach und sieh dich selbst!
    Soll Rom? – Sprich, schlage, stelle her!⁹
    Brutus, du schläfst. Erwache!« –
    Oft hat man schon dergleichen Aufgebote

---

9. *redress* (retten, Rettung).

Mir in den Weg gestreut.
»Soll Rom?« – So muß ich es ergänzen:
Soll Rom vor *einem* Manne beben? Wie?
Mein Ahnherr trieb einst von den Straßen Roms
Tarquin hinweg, als er ein König hieß.
»Sprich, schlage, stelle her[9]!« Werd ich zu sprechen,
Zu schlagen angemahnt? O Rom, ich schwöre,
Wenn nur die Herstellung[9] erfolgt, empfängst du
Dein ganz Begehren von der Hand des Brutus!
    (Lucius kommt zurück.)
L u c i u s. Herr, vierzehn Tage sind vom März verstrichen.
    (Man klopft drinnen.)
B r u t u s. 's ist gut. Geh an die Pforte: jemand klopft.
    (Lucius ab.)
Seit Cassius mich spornte gegen Cäsar,
Schlief ich nicht mehr.
Bis zur Vollführung einer furchtbarn Tat
Vom ersten Antrieb ist die Zwischenzeit
Wie ein Phantom, ein grauenvoller Traum.
Der Genius und die sterblichen Organe
Sind dann im Rat vereint; und die Verfassung
Des Menschen, wie ein kleines Königreich,
Erleidet dann den Zustand der Empörung.
    (Lucius kommt zurück.)
L u c i u s. Herr, Euer Bruder[10] Cassius wartet draußen;
Er wünschet Euch zu sehn.
B r u t u s.   Ist er allein?
L u c i u s. Nein, es sind mehr noch bei ihm.
B r u t u s.   Kennst du sie?
L u c i u s. Nein, Herr, sie tragen eingedrückt die Hüte
Und das Gesicht im Mantel halb begraben,
Daß ich durchaus sie nicht erkennen kann
An irgendeinem Zuge.
B r u t u s.   Laß sie ein.
    (Lucius ab.)
Es sind die Bundesbrüder. O Verschwörung!
Du schämst dich, die verdächt'ge Stirn bei Nacht
Zu zeigen, wann das Bös' am freisten ist?
O denn, bei Tag, wo willst du eine Höhle
Entdecken, dunkel g'nug, es zu verlarven,

---

10. Gemeint ist »der Schwager«.

Dein schnödes Antlitz? – Verschwörung, suche keine!
In Lächeln hüll es und in Freundlichkeit!
Denn trätst du auf in angeborner Bildung,
So wär' der Erebus nicht finster g'nug,
Vor Argwohn dich zu schützen.

(Die Verschwörer Cassius, Casca, Decius, Metellus Cimber
und Trebonius treten auf.)

C a s s i u s. Sind wir gelegen? Guten Morgen, Brutus!
        Ich fürchte, daß wir Eure Ruhe stören.
B r u t u s. Längst war ich auf und wach die ganze Nacht.
        Kenn ich die Männer, welche mit Euch kommen?
C a s s i u s. Ja, jeden aus der Zahl; und keiner hier,
        Der Euch nicht hoch hält, und ein jeder wünscht,
        Ihr hättet nur die Meinung von Euch selbst,
        Die jeder edle Römer von Euch hegt.
        Dies ist Trebonius.
B r u t u s.   Er ist willkommen.
C a s s i u s. Dies Decius Brutus.
B r u t u s.   Er ist auch willkommen.
C a s s i u s. Dies Casca, dies Cinna und dies Metellus Cimber.
B r u t u s. Willkommen alle!
        Was stellen sich für wache Sorgen zwischen
        Die Nacht und Eure Augen?
C a s s i u s.   Auf ein Wort,
        Wenn's Euch beliebt. *(Sie reden leise miteinander.)*
D e c i u s. Hier liegt der Ost: bricht da der Tag nicht an?
C a s c a. Nein.
C i n n a. Doch, um Verzeihung! und die grauen Streifen,
        Die das Gewölk durchziehn, sind Tagesboten.
C a s c a. Ihr sollt gestehn, daß Ihr Euch beide trügt.
        Die Sonn' erscheint hier, wo mein Degen hinweist;
        Das ist ein gut Teil weiter hin nach Süden,
        Wenn Ihr die junge Jahreszeit erwägt.
        Zwei Monde noch, und höher gegen Norden
        Steigt ihre Flamm' empor, und grade hier
        Steht hinterm Kapitol der hohe Ost.
B r u t u s. Gebt Eure Hand mir, einer nach dem andern.
C a s s i u s. Und lasset uns beschwören den Entschluß.
B r u t u s.
        Nein, keinen Eid! Wenn nicht der Menschen Antlitz,
        Das innre Seelenleid, der Zeit Verfall –

Sind diese Gründe schwach, so brecht nur auf,
Und jeder fort zu seinem trägen Bett!
Laßt frechgesinnte Tyrannei dann schalten,
Bis jeder nach dem Lose fällt. Doch tragen
Sie Feuer g'nug in sich, wie offenbar,
Um Feige zu entflammen und mit Mut
Des Weibes schmelzendes Gemüt zu stählen:
O denn, Mitbürger! welchen andern Sporn
Als unsre Sache braucht es, uns zu stacheln
Zur Herstellung? Was für Gewähr als diese:
Verschwiegne Römer, die das Wort gesprochen
Und nicht zurückziehn? Welchen andern Eid,
Als Redlichkeit mit Redlichkeit im Bund,
Daß dies gescheh', wo nicht, dafür zu sterben?
Laßt Priester, Memmen, Schriftgelehrte[11] schwören,
Verdorrte Greis' und solche Jammerseelen,
Die für das Unrecht danken; schwören laßt
Bei bösen Händeln Volk, dem man nicht traut.
Entehrt nicht so den Gleichmut unsrer Handlung
Und unsern unbezwinglich festen Sinn,
Zu denken, unsre Sache, unsre Tat
Brauch' einen Eid; da jeder Tropfe Bluts,
Der edel fließt in jedes Römers Adern,
Sich seines echten Stamms verlustig macht,
Wenn er das kleinste Teilchen nur verletzt
Von irgendeinem Worte, das er gab.

Cassius. Doch wie mit Cicero? Forscht man ihn aus?
Ich denk, er wird sehr eifrig für uns sein.

Casca. Laßt uns ihn nicht vorübergehn.

Cinna.   Nein, ja nicht.

Metellus. Gewinnt ihn ja für uns. Sein Silberhaar
Wird eine gute Meinung uns erkaufen
Und Stimmen werben, unser Werk zu preisen.
Sein Urteil habe unsre Hand gelenkt,
So wird es heißen; unsre Hastigkeit
Und Jugend wird im mindsten nicht erscheinen,
Von seinem würd'gen Ansehn ganz bedeckt.

Brutus. O nennt ihn nicht! Laßt uns ihm nichts eröffnen,
Denn niemals tritt er einer Sache bei,
Wenn andre sie erdacht.

---

11. *men cautelous* (Betrüger).

C a s s i u s.   So laßt ihn weg.
C a s c a. 's ist wahr, er paßt auch nicht.
D e c i u s. Wird niemand sonst als Cäsar angetastet?
C a s s i u s. Ja, gut bedacht! Mich dünkt, daß Mark Anton,
    Der so beliebt beim Cäsar ist, den Cäsar
    Nicht überleben darf. Er wird sich uns
    Gewandt in Ränken zeigen, und Ihr wißt,
    Daß seine Macht, wenn er sie nutzt, wohl hinreicht,
    Uns allen Not zu schaffen. Dem zu wehren,
    Fall' Cäsar und Antonius zugleich.
B r u t u s. Zu blut'ge Weise, Cajus Cassius, wär's,
    Das Haupt abschlagen und zerhaun die Glieder,
    Wie Grimm beim Tod und Tücke hinterher.
    Antonius ist ja nur ein Glied des Cäsar.
    Laßt Opferer uns sein, nicht Schlächter, Cajus.
    Wir alle stehen gegen Cäsars Geist,
    Und in dem Geist des Menschen ist kein Blut.
    O könnten wir denn Cäsars Geist erreichen
    Und Cäsarn nicht zerstücken! Aber ach!
    Cäsar muß für ihn bluten. Edle Freunde,
    Laßt kühnlich uns ihn töten, doch nicht zornig;
    Zerlegen laßt uns ihn, ein Mahl für Götter,
    Nicht ihn zerhauen wie ein Aas für Hunde.
    Laßt unsre Herzen, schlauen Herren gleich,
    Zu rascher Tat aufwiegeln ihre Diener
    Und dann zum Scheine schmälen. Dadurch wird
    Notwendig unser Werk und nicht gehässig;
    Und wenn es so dem Aug' des Volks erscheint,
    Wird man uns Reiniger, nicht Mörder nennen.
    Was Mark Anton betrifft, denkt nicht an ihn,
    Denn er vermag nicht mehr als Cäsars Arm,
    Wenn Cäsars Haupt erst fiel.
C a s s i u s.   Doch fürcht ich ihn,
    Denn seine Liebe hängt so fest am Cäsar –
B r u t u s. Ach, guter Cassius, denket nicht an ihn!
    Liebt er den Cäsar, so vermag er nichts
    Als gegen sich: sich härmen, für ihn sterben.
    Und das wär' viel von ihm, weil er der Lust,
    Der Wüstheit, den Gelagen sich ergibt.
T r e b o n i u s. Es ist kein Arg in ihm: er sterbe nicht,
    Denn er wird leben und dies einst belachen.
          (Die Glocke schlägt.)

B r u t u s. Still! zählt die Glocke.

C a s s i u s. Sie hat drei geschlagen.

T r e b o n i u s. Es ist zum Scheiden Zeit.

C a s s i u s. Doch zweifl' ich noch,
    Ob Cäsar heute wird erscheinen wollen.
    Denn kürzlich ist er abergläubisch worden,
    Ganz dem entgegen, wie er sonst gedacht
    Von Träumen, Einbildung und heil'gen Bräuchen.
    Vielleicht, daß diese großen Wunderdinge,
    Das ungewohnte Schrecken dieser Nacht
    Und seiner Augurn Überredung ihn
    Entfernt vom Kapitol für heute hält.

D e c i u s. Das fürchtet nimmer: wenn er das beschloß,
    So übermeistr' ich ihn. Er hört es gern,
    Das Einhorn lasse sich mit Bäumen fangen,
    Der Löw' im Netz, der Elefant in Gruben,
    Der Bär mit Spiegeln und der Mensch durch Schmeichler.
    Doch sag ich ihm, daß er die Schmeichler haßt,
    Bejaht er es, am meisten dann geschmeichelt.
    Laßt mich gewähren,
    Denn ich verstehe sein Gemüt zu lenken
    Und will ihn bringen auf das Kapitol.

C a s s i u s. Ja, laßt uns alle gehn, um ihn zu holen.

B r u t u s. Zur achten Stund' aufs späteste, nicht wahr?

C i n n a. Das sei das spätste, und dann bleibt nicht aus.

M e t e l l u s. Cajus Ligarius ist dem Cäsar feind,
    Der's ihm verwies, daß er Pompejus lobte.
    Es wundert mich, daß niemand sein gedacht.

B r u t u s. Wohl, guter Cimber, geht nur vor bei ihm;
    Er liebt mich herzlich, und ich gab ihm Grund.
    Schickt ihn hierher, so will ich schon ihn stimmen.

C a s s i u s. Der Morgen übereilt uns: wir gehen, Brutus.
    Zerstreut Euch, Freunde, doch bedenket alle,
    Was Ihr gesagt, und zeigt Euch echte Römer.

B r u t u s. Seht, werte Männer, frisch und fröhlich aus;
    Tragt Euren Vorsatz nicht auf Eurer Stirn.
    Nein, führt's hindurch wie Helden unsrer Bühne,
    Mit munterm Geist und äußrer Festigkeit.
    Und somit insgesamt Euch guten Morgen!
          (Alle ab, außer Brutus.)

B r u t u s. He, Lucius! – Fest im Schlaf? Es schadet nichts.
    Genieß den honigschweren Tau des Schlummers.

Du siehst Gestalten nicht noch Phantasien,
Womit geschäft'ge Sorg' ein Hirn erfüllt,
Drum schläfst du so gesund.

(Portia tritt auf.)

P o r t i a.   Mein Gatte! Brutus!
B r u t u s. Was wollt Ihr, Portia? Warum steht Ihr auf?
      Es dient Euch nicht, die zärtliche Natur
      Dem rauhen, kalten Morgen zu vertraun.
P o r t i a.
      Euch gleichfalls nicht. Unfreundlich stahlt Ihr, Brutus,
      Von meinem Bett Euch; und beim Nachtmahl gestern
      Erhobt Ihr plötzlich Euch und gingt umher,
      Sinnend und seufzend mit verschränkten Armen.
      Und wenn ich Euch befragte, was es sei,
      So starrtet Ihr mich an mit finstern Blicken.
      Ich drang in Euch, da riebt Ihr Euch die Stirn
      Und stampftet ungeduldig mit dem Fuß;
      Doch hielt ich an, doch gabt Ihr keine Rede
      Und winktet mit der Hand unwillig weg,
      Damit ich Euch verließ. Ich tat es auch,
      Besorgt, die Ungeduld noch zu verstärken,
      Die schon zu sehr entflammt schien, und zugleich
      Mir schmeichelnd, nur von Laune rühr' es her,
      Die ihre Stunden hat bei jedem Mann.
      Nicht essen, reden, schlafen läßt es Euch,
      Und könnt' es Eure Bildung so entstellen,
      Als es sich Eurer Fassung hat bemeistert,
      So kennt' ich Euch nicht mehr. Mein teurer Gatte,
      Teilt mir die Ursach' Eures Kummers mit.
B r u t u s. Ich bin nicht recht gesund, und das ist alles.
P o r t i a. Brutus ist weise: wär' er nicht gesund,
      Er nähm' die Mittel wahr, um es zu werden.
B r u t u s. Das tu ich – gute Portia, geh zu Bett.
P o r t i a. Ist Brutus krank? und ist es heilsam, so
      Entblößt umherzugehn und einzusaugen
      Den Dunst des Morgens? Wie, ist Brutus krank,
      Und schleicht er vom gesunden Bett sich weg,
      Der schnöden Ansteckung der Nacht zu trotzen?
      Und reizet er die böse Fieberluft,
      Sein Übel noch zu mehren? Nein, mein Brutus,
      Ihr tragt ein krankes Übel im Gemüt,
      Wovon, nach meiner Stelle Recht und Würde,

Ich wissen sollte; und auf meinen Knien
Fleh ich bei meiner einst gepriesnen Schönheit,
Bei allen Euren Liebesschwüren, ja
Bei jenem großen Schwur, durch welchen wir
Einander einverleibt und eins nur sind:
Enthüllt mir, Eurer Hälfte, Eurem Selbst,
Was Euch bekümmert, was zu Nacht für Männer
Euch zugesprochen; denn es waren hier
Sechs oder sieben, die ihr Antlitz selbst
Der Finsternis verbargen.

B r u t u s. O kniet nicht, liebe Portia.

P o r t i a. Ich braucht' es nicht, wärt Ihr mein lieber Brutus.
Ist's im Vertrag der Ehe, sagt mir, Brutus,
Bedungen, kein Geheimnis sollt' ich wissen,
Das Euch gehört? Und bin ich Euer Selbst
Nur gleichsam, mit gewissen Einschränkungen?
Beim Mahl um Euch zu sein, Eu'r Bett zu teilen,
Auch wohl mit Euch zu sprechen. Wohn ich denn
Nur in der Vorstadt Eurer Zuneigung?
Ist es nur das, so ist ja Portia
Des Brutus Buhle nur und nicht sein Weib.

B r u t u s. Ihr seid mein echtes, ehrenwertes Weib,
So teuer mir als wie die Purpurtropfen,
Die um mein trauernd Herz sich drängen.

P o r t i a.
Wenn dem so wär', so wüßt' ich dies Geheimnis.
Ich bin ein Weib, gesteh ich, aber doch
Ein Weib, das Brutus zur Gemahlin nahm.
Ich bin ein Weib, gesteh ich, aber doch
Ein Weib von gutem Rufe, Catos Tochter.
Denkt Ihr, ich sei so schwach wie mein Geschlecht,
Aus solchem Stamm erzeugt und so vermählt?
Sagt mir, was Ihr beschloßt: ich will's bewahren.
Ich habe meine Stärke hart erprüft,
Freiwillig eine Wunde mir versetzend
Am Schenkel hier: ertrüg' ich das geduldig
Und das Geheimnis meines Gatten nicht?

B r u t u s. Ihr Götter, macht mich wert des edlen Weibes!
                    (Man klopft.)
Horch! horch! man klopft; geh eine Weil' hinein,
Und unverzüglich soll dein Busen teilen,
Was noch mein Herz verschließt.

Mein ganzes Bündnis will ich dir enthüllen
Und meiner finstern Stirne Zeichenschrift.
Verlaß mich schnell.

(Portia ab.)
(Lucius und Ligarius kommen.)

B r u t u s.   Wer klopft denn, Lucius?

L u c i u s. Hier ist ein Kranker, der Euch sprechen will.

B r u t u s. Ligarius ist's, von dem Metellus sprach.
Du, tritt beiseit. – Cajus Ligarius, wie?

L i g a r i u s. Nehmt einen Morgengruß von matter Zunge.

B r u t u s. O welche Zeit erwählt Ihr, wackrer Cajus,
Ein Tuch zu tragen! Wärt Ihr doch nicht krank!

L i g a r i u s. Ich bin nicht krank, hat irgendeine Tat,
Des Namens Ehre würdig, Brutus vor.

B r u t u s. Solch eine Tat, Ligarius, hab ich vor,
Wär' Euer Ohr gesund, davon zu hören.

L i g a r i u s. Bei jedem Gott, vor dem sich Römer beugen!
Hier sag ich ab der Krankheit. Seele Roms!
Du wackrer Sohn, aus edlem Blut entsprossen!
Wie ein Beschwörer riefst du auf in mir
Den abgestorbnen Geist. Nun heiß mich laufen,
So will ich an Unmögliches mich wagen,
Ja, Herr darüber werden. Was zu tun?

B r u t u s. Ein Wagestück, das Kranke heilen wird.

L i g a r i u s.
Doch gibt's nicht auch Gesunde krank zu machen?

B r u t u s. Die gibt es freilich. Was es ist, mein Cajus,
Eröffn' ich dir auf unserm Weg zu ihm,
An dem es muß geschehn.

L i g a r i u s.   Macht Euch nur auf;
Mit neu entflammtem Herzen folg ich Euch,
Zu tun, was ich nicht weiß. Doch es genügt,
Daß Brutus mir vorangeht.

B r u t u s.   Folgt mir denn.

(Beide ab.)

ZWEITE SZENE

Ein Zimmer in Cäsars Palaste.

(Donner und Blitz. Cäsar in seinem Nachtkleide.)

C ä s a r. Zu Nacht hat Erd' und Himmel Krieg geführt.
 Calpurnia rief im Schlafe dreimal laut:
 »O helft! Sie morden Cäsarn.« – Niemand da?
           (Ein Diener kommt.)
D i e n e r. Herr?
C ä s a r. Geh, heiß die Priester gleich zum Opfer schreiten
 Und bring mir ihre Meinung vom Erfolg.
D i e n e r. Es soll geschehn. *(Ab.)*
C a l p u r n i a *(tritt auf).*
 Was meint Ihr, Cäsar? Denkt Ihr auszugehn?
 Ihr müßt heut keinen Schritt vom Hause weichen.
C ä s a r. Cäsar geht aus. Mir haben stets Gefahren
 Im Rücken nur gedroht; wenn sie die Stirn
 Des Cäsar werden sehn, sind sie verschwunden.
C a l p u r n i a. Cäsar, ich hielt auf Wunderzeichen nie,
 Doch schrecken sie mich nun. Im Haus ist jemand,
 Der außer dem, was wir gesehn, gehört,
 Von Greueln meldet, so die Wach' erblickt.
 Es warf auf offner Gasse eine Löwin,
 Und Grüft' erlösten gähnend ihre Toten.
 Wildglühnde Krieger fochten auf den Wolken,
 In Reihn, Geschwadern, und nach Kriegsgebrauch,
 Wovon es Blut gesprüht aufs Kapitol.
 Das Schlachtgetöse klirrte in der Luft;
 Da wiehern Rosse, Männer röcheln sterbend,
 Und Geister wimmerten die Straßen durch.
 O Cäsar! unerhört sind diese Dinge:
 Ich fürchte sie.
C ä s a r.   Was kann vermieden werden,
 Das sich zum Ziel die mächt'gen Götter setzten?
 Ich gehe dennoch aus, denn diese Zeichen,
 So gut wie Cäsarn, gelten sie der Welt.
C a l p u r n i a.
 Kometen sieht man nicht, wann Bettler sterben:
 Der Himmel selbst flammt Fürstentod herab.
C ä s a r. Der Feige stirbt schon vielmal, eh' er stirbt,
 Die Tapfern kosten einmal nur den Tod.

Von allen Wundern, die ich je gehört,
Scheint mir das größte, daß sich Menschen fürchten,
Da sie doch sehn, der Tod, das Schicksal aller,
Kommt, wann er kommen soll.
                    (Der Diener kommt zurück.)
                              Was dünkt den Augurn?
D i e n e r. Sie raten Euch, für heut nicht auszugehn.
      Da sie dem Opfertier das Eingeweide
      Ausnahmen, fanden sie kein Herz darin.
C ä s a r. Die Götter tun der Feigheit dies zur Schmach.
      Ein Tier ja wäre Cäsar ohne Herz,
      Wenn er aus Furcht sich heut zu Hause hielte.
      Das wird er nicht: gar wohl weiß die Gefahr,
      Cäsar sei noch gefährlicher als sie.
      Wir sind zwei Leu'n, an einem Tag geworfen,
      Und ich der ältre und der schrecklichste;
      Und Cäsar wird doch ausgehn.
C a l p u r n i a.   Ach, mein Gatte!
      In Zuversicht geht Eure Weisheit unter.
      Geht heute doch nicht aus; nennt's meine Furcht,
      Die Euch zu Hause hält, nicht Eure eigne.
      Wir senden Mark Anton in den Senat,
      Zu sagen, daß Ihr unpaß heute seid.
      Laßt mich auf meinen Knieen dies erbitten.
C ä s a r. Ja, Mark Anton soll sagen, ich sei unpaß,
      Und dir zulieb' will ich zu Hause bleiben.
                    (Decius tritt auf.)
      Sieh, Decius Brutus kommt; der soll's bestellen.
D e c i u s. Heil, Cäsar! guten Morgen, würd'ger Cäsar!
      Ich komm, Euch abzuholen zum Senat.
C ä s a r. Und seid gekommen zur gelegnen Zeit,
      Den Senatoren meinen Gruß zu bringen.
      Sagt ihnen, daß ich heut nicht kommen will;
      Nicht kann, ist falsch; daß ich's nicht wage, falscher.
      Ich will nicht kommen heut, sagt ihnen das.
C a l p u r n i a. Sagt, er sei krank.
C ä s a r.   Hilft Cäsar sich mit Lügen?
      Streckt' ich so weit erobernd meinen Arm,
      Graubärten scheu die Wahrheit zu verkleiden?
      Geht, Decius! sagt nur: Cäsar will nicht kommen.
D e c i u s. Laßt einen Grund mich wissen, großer Cäsar,
      Daß man mich nicht verlacht, wenn ich es sage.

C ä s a r.
>Der Grund ist nur mein Will'; ich will nicht kommen,
>Das g'nügt zu des Senats Befriedigung.
>Doch um Euch insbesondere g'nug zu tun,
>Weil ich Euch liebe, will ich's Euch eröffnen.
>Calpurnia hier, mein Weib, hält mich zu Haus.
>Sie träumte diese Nacht, sie säh' mein Bildnis,
>Das wie ein Springbrunn' klares Blut vergoß
>Aus hundert Röhren; rüst'ge Römer kamen
>Und tauchten lächelnd ihre Hände drein.
>Dies legt sie aus als Warnungen und Zeichen
>Und Unglück, das uns droht, und hat mich kniend
>Gebeten, heute doch nicht auszugehn.

D e c i u s. Ihr habt den Traum ganz irrig ausgelegt,
>Es war ein schönes, glückliches Gesicht.
>Eu'r Bildnis, Blut aus vielen Röhren spritzend,
>Worein so viele Römer lächelnd tauchten,
>Bedeutet, saugen werd aus Euch das große Rom
>Belebend Blut; und große Männer werden
>Nach Heiligtümern und nach Ehrenpfändern
>Sich drängen. Das bedeutet dieser Traum.

C ä s a r. Auf diese Art habt Ihr ihn wohl erklärt.

D e c i u s. Ja, wenn Ihr erst gehört, was ich Euch melde.
>Wißt denn: an diesem Tag will der Senat
>Dem großen Cäsar eine Krone geben.
>Wenn Ihr nun sagen laßt, Ihr wollt nicht kommen,
>So kann es sie gereun. Auch ließ' es leicht
>Zum Spott sich wenden; jemand spräche wohl:
>»Verschiebt die Sitzung bis auf andre Zeit,
>Wann Cäsars Gattin beßre Träume hat.«
>Wenn Cäsar sich versteckt, wird man nicht flüstern:
>»Seht, Cäsar fürchtet sich?«
>Verzeiht mir, Cäsar, meine Herzensliebe
>Heißt dieses mich zu Eurem Vorteil sagen,
>Und Schicklichkeit steht meiner Liebe nach.

C ä s a r. Wie töricht scheint nun Eure Angst, Calpurnia!
>Ich schäme mich, daß ich ihr nachgegeben.
>Reicht mein Gewand mir her, denn ich will gehn.

(Publius, Brutus, Ligarius, Metellus, Casca, Trebonius und
Cinna treten auf.)
>Da kommt auch Publius, um mich zu holen.

P u b l i u s. Guten Morgen, Cäsar!

C ä s a r.   Publius, willkommen! –
      Wie, Brutus? seid Ihr auch so früh schon auf! –
      Guten Morgen, Casca! – Cajus Ligarius,
      So sehr war Cäsar niemals Euer Feind
      Als dieses Fieber, das Euch abgezehrt. –
      Was ist die Uhr?
B r u t u s.   Es hat schon acht geschlagen.
C ä s a r. Habt Dank für Eure Müh' und Höflichkeit.
                  (Antonius tritt auf.)
      Seht! Mark Anton, der lange schwärmt des Nachts,
      Ist doch schon auf. – Antonius, seid gegrüßt!
A n t o n i u s. Auch Ihr, erlauchter Cäsar.
C ä s a r. Befehlt, daß man im Hause fertig sei.
      Es ist nicht recht, so auf sich warten lassen.
      Ei, Cinna! – Ei, Metellus! – Wie, Trebonius?
      Ich hab mit Euch ein Stündchen zu verplaudern.
      Gedenkt daran, daß Ihr mich heut besucht,
      Und bleibt mir nah, damit ich Euer denke.
T r e b o n i u s.
      Das will ich, Cäsar – *(beiseite)* will so nah Euch sein,
      Daß Eure besten Freunde wünschen sollen,
      Ich wär' entfernt gewesen.
C ä s a r.   Lieben Freunde,
      Kommt mit herein und trinkt ein wenig Weins,
      Dann gehen wir gleich Freunden miteinander.
B r u t u s *(beiseite).*
      Daß gleich nicht stets dasselbe ist, o Cäsar!
      Das Herz des Brutus blutet, es zu denken.
                  (Alle ab.)

DRITTE SZENE

Eine Straße nahe beim Kapitol.

(Artemidorus tritt auf und liest einen Zettel.)

A r t e m i d o r u s. »Cäsar, hüte dich vor Brutus, sei wach-
      sam gegen Cassius, halte dich weit vom Casca, habe ein
      Auge auf Cinna, mißtraue dem Trebonius, beobachte den
      Metellus Cimber, Decius Brutus liebt dich nicht, beleidigt
      hast du den Cajus Ligarius. Nur *ein* Sinn lebt in allen
      diesen Männern, und er ist gegen Cäsar gerichtet. Wo du

nicht unsterblich bist, schau um dich. Sorglosigkeit gibt
der Verschwörung Raum. Mögen dich die großen Götter
schützen.

                   Der Deinige. Artemidorus.«

    Hier will ich stehn, bis er vorübergeht,
    Und will ihm dies als Bittschrift überreichen.
    Mein Herz bejammert, daß die Tugend nicht
    Frei von dem Zahn des Neides leben kann.
    O Cäsar, lies! so bist du nicht verloren:
    Sonst ist das Schicksal mit Verrat verschworen. *(Ab.)*

VIERTE SZENE

Ein andrer Teil derselben Straße, vor dem Hause des Brutus.

      (Portia und Lucius kommen.)

P o r t i a. Ich bitt dich, Knabe, lauf in den Senat.
    Halt dich mit keiner Antwort auf und geh.
    Was wartest du?
L u c i u s.   Zu hören, was ich soll.
P o r t i a. Ich möchte dort und wieder hier dich haben,
    Eh' ich dir sagen kann, was du da sollst.
    O Festigkeit, steh unverrückt mir bei,
    Stell einen Fels mir zwischen Herz und Zunge!
    Ich habe Mannessinn, doch Weibeskraft.
    Wie fällt doch ein Geheimnis Weibern schwer! –
    Bist du noch hier?
L u c i u s.   Was sollt' ich, gnäd'ge Frau?
    Nur hin zum Kapitol und weiter nichts,
    Und so zu Euch und weiter nichts?
P o r t i a.
    Nein, ob dein Herr wohl aussieht, melde mir,
    Denn er ging unpaß fort, und merk dir recht,
    Was Cäsar macht, wer mit Gesuch ihm naht.
    Still, Knabe! Welch Geräusch?
L u c i u s. Ich höre keins.
P o r t i a.   Ich bitt dich, horch genau.
    Ich hörte wilden Lärm, als föchte man,
    Und der Wind bringt vom Kapitol ihn her.
L u c i u s. Gewißlich, gnäd'ge Frau, ich höre nichts.
       (Ein Wahrsager kommt.)

Portia.
> Komm näher, Mann! Wo führt dein Weg dich her?

Wahrsager. Von meinem Hause, liebe gnäd'ge Frau.

Portia. Was ist die Uhr?

Wahrsager.   Die neunte Stund' etwa.

Portia. Ist Cäsar schon aufs Kapitol gegangen?

Wahrsager.
> Nein, gnäd'ge Frau; ich geh, mir Platz zu nehmen,
> Wo er vorbeizieht auf das Kapitol.

Portia. Du hast an Cäsarn ein Gesuch: nicht wahr?

Wahrsager.
> Das hab ich, gnäd'ge Frau. Geliebt es Cäsarn,
> Aus Güte gegen Cäsar mich zu hören,
> So bitt ich ihn, es gut mit sich zu meinen.

Portia.
> Wie? weißt du, daß man ihm ein Leid will antun?

Wahrsager.
> Keins seh ich klar vorher, viel, fürcht ich, kann geschehn.
> Doch guten Tag! Hier ist die Straße eng:
> Die Schar, die Cäsarn auf der Ferse folgt,
> Von Senatoren, Prätorn, Supplikanten,
> Wird einen schwachen Mann beinah erdrücken.
> Ich will an einen freiern Platz und da
> Den großen Cäsar sprechen, wenn er kommt. *(Ab.)*

Portia.
> Ich muß ins Haus. Ach, welch ein schwaches Ding
> Das Herz des Weibes ist! O Brutus!
> Der Himmel helfe deinem Unternehmen. —
> Gewiß, der Knabe hört' es. — Brutus wirbt um etwas,
> Das Cäsar weigert. — Oh, es wird mir schlimm!
> Lauf, Lucius, empfiehl mich meinem Gatten;
> Sag, ich sei fröhlich, komm zu mir zurück
> Und melde mir, was er dir aufgetragen.

(Beide ab.)

DRITTER AUFZUG

ERSTE SZENE

Das Kapitol. Sitzung des Senats.

(Ein Haufe Volks in der Straße, die zum Kapitol führt, darunter Artemidorus und der Wahrsager. Trompetenstoß. Cäsar, Brutus, Cassius, Casca, Decius, Metellus, Trebonius, Cinna, Antonius, Lepidus, Popilius, Publius und andre kommen.)

C ä s a r. Des Märzen Idus ist nun da.
W a h r s a g e r.   Ja, Cäsar,
    Doch nicht vorbei.
A r t e m i d o r u s. Heil, Cäsar! Lies den Zettel hier.
D e c i u s. Trebonius bittet Euch, bei guter Weile
    Dies untertänige Gesuch zu lesen.
A r t e m i d o r u s. Lies meines erst, o Cäsar! Mein Gesuch
    Betrifft den Cäsar näher: lies, großer Cäsar!
C ä s a r. Was uns betrifft, werd auf die letzt verspart.
A r t e m i d o r u s.
    Verschieb nicht, Cäsar, lies im Augenblick.
C ä s a r. Wie? ist der Mensch verrückt?
P u b l i u s.   Mach Platz, Gesell!
C a s s i u s. Was? drängt Ihr auf der Straße mit Gesuchen?
    Kommt in das Kapitol.
    (Cäsar geht in das Kapitol, die übrigen folgen ihm.)
P o p i l i u s. Mög' Euer Unternehmen heut gelingen!
C a s s i u s. Welch Unternehmen, Lena?
P o p i l i u s.   Geh's Euch wohl.
    (Er nähert sich dem Cäsar.)
B r u t u s. Was sprach Popilius Lena da?
C a s s i u s.   Er wünschte,
    Daß unser Unternehmen heut gelänge.
    Ich fürchte, unser Anschlag ist entdeckt.
B r u t u s. Seht, wie er Cäsarn naht! Gebt acht auf ihn.
C a s s i u s.
    Sei schleunig, Casca, daß man nicht zuvorkommt,
    Was ist zu tun hier, Brutus? Wenn es auskommt,
    Kehrt Cassius oder Cäsar nimmer heim,
    Denn ich entleibe mich.

B r u t u s.   Sei standhaft, Cassius.
      Popilius spricht von unserm Anschlag nicht.
      Er lächelt, sieh, und Cäsar bleibt in Ruh'.
C a s s i u s. Trebonius nimmt die Zeit wahr, Brutus; sieh,
      Er zieht geschickt den Mark Anton beiseite.
                  (Antonius und Trebonius ab.)
D e c i u s. Wo ist Metellus Cimber? Laßt ihn gehn
      Und sein Gesuch sogleich dem Cäsar reichen.
B r u t u s. Er ist bereit, drängt an und steht ihm bei.
C i n n a. Casca, Ihr müßt zuerst den Arm erheben.
C ä s a r. Sind alle da? Was für Beschwerden gibt's,
      Die Cäsar heben muß und sein Senat?
M e t e l l u s *(niederkniend).*
      Glorreicher, mächtigster, erhabner Cäsar!
      Metellus Cimber wirft vor deinen Sitz
      Ein Herz voll Demut nieder.
C ä s a r.   Cimber, hör,
      Ich muß zuvor dir kommen. Dieses Kriechen,
      Dies knechtische Verbeugen könnte wohl
      Gemeiner Menschen Blut in Feuer setzen
      Und vorbestimmte Wahl, gefaßten Schluß
      Zum Kinderwillen machen. Sei nicht töricht
      Und denk, so leicht empört sei Cäsars Blut,
      Um aufzutaun von seiner echten Kraft
      Durch das, was Narrn erweicht: durch süße Worte,
      Gekrümmtes Bücken, hündisches Geschmeichel.
      Dein Bruder ist verbannt durch einen Spruch;
      Wenn du für ihn dich bückst und flehst und schmeichelst,
      So stoß ich dich wie einen Hund hinweg.
      Wiß! Cäsar tut kein Unrecht; ohne Gründe
      Befriedigt man ihn nicht.
M e t e l l u s. Gibt's keine Stimme, würdiger als meine,
      Die süßer tön' im Ohr des großen Cäsar,
      Für des verbannten Bruders Wiederkehr?
B r u t u s.
      Ich küsse deine Hand, doch nicht als Schmeichler,
      Und bitte, Cäsar, daß dem Publius Cimber
      Die Rückberufung gleich bewilligt werde.
C ä s a r. Wie? Brutus!
C a s s i u s.   Gnade, Cäsar! Cäsar, Gnade!
      Auch Cassius fällt tief zu Füßen dir,
      Begnadigung für Cimber zu erbitten.

C ä s a r. Ich ließe wohl mich rühren, glich' ich euch:
    Mich rührten Bitten, bät' ich, um zu rühren.
    Doch ich bin standhaft wie des Nordens Stern,
    Des unverrückte, ewig stete Art
    Nicht ihresgleichen hat am Firmament.
    Der Himmel prangt mit Funken ohne Zahl,
    Und Feuer sind sie all, und jeder leuchtet,
    Doch einer nur behauptet seinen Stand.
    So in der Welt auch: sie ist voll von Menschen,
    Und Menschen sind empfindlich, Fleisch und Blut;
    Doch in der Menge weiß ich einen nur,
    Der unbesiegbar seinen Platz bewahrt,
    Vom Andrang unbewegt; daß ich der bin,
    Auch hierin läßt es mich ein wenig zeigen,
    Daß ich auf Cimbers Banne fest bestand,
    Und drauf besteh, daß er im Banne bleibe.
C i n n a. O Cäsar!
C ä s a r. Fort, sag ich! Willst du den Olymp versetzen?
D e c i u s. Erhabner Cäsar! –
C ä s a r.   Kniet nicht Brutus auch umsonst?
C a s c a. Dann, Hände, sprecht für mich!
*(Casca sticht Cäsarn mit dem Dolch in den Nacken. Cäsar
fällt ihm in den Arm. Er wird alsdann von verschiednen
andern Verschwornen und zuletzt vom Marcus Brutus mit
Dolchen durchstochen.)*
C ä s a r. Brutus, auch du? – So falle, Cäsar.
(Er stirbt. Die Senatoren und das Volk fliehen bestürzt.)[12]
C i n n a. Befreiung! Freiheit! Die Tyrannei ist tot!
    Lauft fort! verkündigt! ruft es durch die Gassen!
C a s s i u s. Hin zu der Rednerbühne! Rufet aus:
    Befreiung! Freiheit! Wiederherstellung!
B r u t u s. Seid nicht erschrocken, Volk und Senatoren!
    Flieht nicht! steht still! Die Ehrsucht hat gebüßt.
C a s c a. Geht auf die Rednerbühne, Brutus.
D e c i u s. Ihr, Cassius, auch.
B r u t u s. Wo ist Publius?
C i n n a. Hier, ganz betroffen über diesen Aufruhr.
M e t e l l u s.
    Steht dicht beisammen, wenn ein Freund des Cäsar
    Etwa –

---

12. Die Regiebemerkungen der Folio sagen lakonisch: *They stab Caesar. – Dies.* (Sie erstechen Cäsar. – Er stirbt.)

B r u t u s. Sprecht nicht von Stehen! – Publius, getrost!
Wir haben nicht im Sinn, Euch Leid zu tun,
Auch keinem Römer sonst: sagt ihnen das.
C a s s i u s. Und geht nur, Publius, damit das Volk,
Das uns bestürmt, nicht Euer Alter kränke.
B r u t u s. Tut das; und niemand steh für diese Tat,
Als wir, die Täter.
(Trebonius kommt zurück.)
C a s s i u s.   Wo ist Mark Anton?
T r e b o n i u s.
Er floh bestürzt nach Haus, und Männer, Weiber
Und Kinder blicken starr und schrein und laufen,
Als wär' der jüngste Tag.
B r u t u s. Schicksal! wir wollen sehn, was dir geliebt.
Wir wissen, daß wir sterben werden; Frist
Und Zeitgewinn nur ist der Menschen Trachten.
C a s s i u s. Ja, wer dem Leben zwanzig Jahre raubt,
Der raubt der Todesfurcht so viele Jahre.
B r u t u s. Gesteht das ein, und Wohltat ist der Tod.
So sind wir Cäsars Freunde, die wir ihm
Die Todesfurcht verkürzten. Bückt euch, Römer!
Laßt unsre Händ' in Cäsars Blut uns baden
Bis an die Ellenbogen! Färbt die Schwerter!
So treten wir hinaus bis auf den Markt,
Und, überm Haupt die roten Waffen schwingend,
Ruft alle dann: Erlösung! Friede! Freiheit!
C a s s i u s. Bückt euch und taucht! In wie entfernter Zeit
Wird man dies hohe Schauspiel wiederholen,
In neuen Zungen und mit fremdem Pomp[13]!
B r u t u s. Wie oft wird Cäsar noch zum Spiele bluten,
Der jetzt am Fußgestell Pompejus' liegt,
Dem Staube gleich geachtet!
C a s s i u s.   So oft, als das geschieht,
Wird man auch unsern Bund, die Männer nennen,
Die Freiheit wiedergaben ihrem Land.
D e c i u s. Nun sollen wir hinaus?
C a s s i u s.   Ja, alle fort,
Brutus voran, und seine Tritte zieren
Wir mit den kühnsten, besten Herzen Roms.
(Ein Diener kommt.)

---

13. *In states unborn* (in ungeborenen Staaten).

B r u t u s.
    Doch still! wer kommt? Ein Freund des Mark Anton.
D i e n e r. So, Brutus, hieß mich mein Gebieter knien,
    So hieß Antonius mich niederfallen,
    Und tief im Staube hieß er so mich reden:
    Brutus ist edel, tapfer, weis' und redlich,
    Cäsar war groß, kühn, königlich und gütig.
    Sprich: Brutus lieb ich und ich ehr ihn auch.
    Sprich: Cäsarn fürchtet' ich, ehrt' ihn und liebt' ihn.
    Will Brutus nur gewähren, daß Anton
    Ihm sicher nahen und erforschen dürfe,
    Wie Cäsar solche Todesart verdient,
    So soll dem Mark Anton der tote Cäsar
    So teuer nicht als Brutus lebend sein;
    Er will vielmehr dem Los und der Partei
    Des edlen Brutus unter den Gefahren
    Der wankenden Verfassung treulich folgen.
    Dies sagte mein Gebieter, Mark Anton.
B r u t u s. Und dein Gebieter ist ein wackrer Römer,
    So achtet' ich ihn stets.
    Sag, wenn es ihm geliebt hierherzukommen,
    So steh ich Red' ihm, und bei meiner Ehre,
    Entlaß ihn ungekränkt.
D i e n e r.   Ich hol ihn gleich. *(Ab.)*
B r u t u s. Ich weiß, wir werden ihn zum Freunde haben.
C a s s i u s. Ich wünsch es, doch es wohnt ein Sinn in mir,
    Der sehr ihn fürchtet; und mein Unglückahnden
    Trifft immer ein aufs Haar.
                    (Antonius kommt zurück.)
B r u t u s.
    Hier kommt Antonius ja. – Willkommen, Mark Anton!
A n t o n i u s. O großer Cäsar! liegst du so im Staube?
    Sind alle deine Siege, Herrlichkeiten,
    Triumphe, Beuten, eingesunken nun
    In diesen kleinen Raum? – Gehab dich wohl! –
    Ich weiß nicht, edle Herrn, was Ihr gedenkt,
    Wer sonst noch bluten muß, wer reif zum Fall.
    Wofern ich selbst, kann keine Stunde besser
    Als Cäsars Todesstunde, halb so kostbar
    Kein Werkzeug sein, als diese Eure Schwerter,
    Geschmückt mit Blut, dem edelsten der Welt.
    Ich bitt Euch, wenn Ihr's feindlich mit mir meint,

Jetzt, da noch Eure Purpurhände dampfen,
Büßt Eure Lust. Und lebt' ich tausend Jahre,
Nie werd ich so bereit zum Tod mich fühlen;
Kein Ort gefällt mir so, kein Weg zum Tode,
Als hier beim Cäsar fallen und durch Euch,
Die ersten Heldengeister unsrer Zeit.

B r u t u s. O Mark Anton! begehrt nicht Euren Tod.
Wir müssen blutig zwar und grausam scheinen,
Wie unsre Händ' und die geschehne Tat
Uns zeigen: doch Ihr seht die Hände nur
Und dieses blut'ge Werk, so sie vollbracht;
Nicht unsre Herzen: sie sind mitleidsvoll,
Und Mitleid gegen Roms gesamte Not
(Wie Feuer Feuer löscht, so Mitleid Mitleid)
Verübt' an Cäsarn dies. Was Euch betrifft,
Für Euch sind unsre Schwerter stumpf, Anton.
Seht, unsre Arme, trotz verübter Tücke[14],
Und unsre Herzen, brüderlich gesinnt,
Empfangen Euch mit aller Innigkeit,
Mit redlichen Gedanken und mit Achtung.

C a s s i u s. Und Eure Stimme soll so viel als jede
Bei der Verteilung neuer Würden gelten.

B r u t u s. Seid nur geduldig, bis wir erst das Volk
Beruhigt, das vor Furcht sich selbst nicht kennt.
Dann legen wir den Grund Euch dar, weswegen
Ich, der den Cäsar liebt', als ich ihn schlug,
Also verfahren.

A n t o n i u s.   Ich bau auf Eure Weisheit.
Mir reiche jeder seine blut'ge Hand.
Erst, Marcus Brutus, schütteln wir sie uns;
Dann, Cajus Cassius, faß ich Eure Hand;
Nun Eure, Decius Brutus; Eure, Cinna;
Metellus, Eure nun; mein tapfrer Casca,
Die Eure; reicht, Trebonius, Eure mir,
Zuletzt, doch nicht der letzte meinem Herzen.
Ach, all Ihr edlen Herrn! was soll ich sagen?
Mein Ansehn steht jetzt auf so glattem Boden,
Daß ich Euch eines von zwei schlimmen Dingen,
Ein Feiger oder Schmeichler scheinen muß.
Daß ich dich liebte, Cäsar, oh, es ist wahr!

14. *in strength of malice* (stark gerüstet zu böser Tat).

Wofern dein Geist jetzt niederblickt auf uns,
Wird's dich nicht kränken, bittrer als dein Tod,
Zu sehn, wie dein Antonius Frieden macht
Und deiner Feinde blut'ge Hände drückt,
Du Edelster, in deines Leichnams Nähe?
Hätt' ich so manches Aug' als Wunden du,
Und jedes strömte Tränen, wie sie Blut,
Das ziemte besser mir als einen Bund
Der Freundschaft einzugehn mit deinen Feinden.
Verzeih mir, Julius! – Du edler Hirsch,
Hier wurdest du erjagt, hier fielest du;
Hier stehen deine Jäger, mit den Zeichen
Des Mordes und von deinem Blut bepurpurt.
O Welt! du warst der Wald für diesen Hirsch,
Und er, o Welt! war seines Waldes Stolz. –
Wie ähnlich einem Wild, von vielen Fürsten
Geschossen, liegst du hier!

Cassius. Antonius –

Antonius.   Verzeiht mir, Cajus Cassius;
Dies werden selbst die Feinde Cäsars sagen,
An einem Freund ist's kalte Mäßigung.

Cassius. Ich tadl' Euch nicht, daß Ihr den Cäsar preist;
Allein, wie denkt Ihr Euch mit uns zu stehen?
Seid Ihr von unsern Freunden? oder sollen
Wir vorwärts dringen, ohn' auf Euch zu baun?

Antonius. Deswegen faßt' ich Eure Hände, nur
Vergaß ich mich, als ich auf Cäsarn blickte.
Ich bin Euch allen Freund und lieb' Euch alle,
In Hoffnung, Eure Gründe zu vernehmen,
Wie und warum gefährlich Cäsar war.

Brutus.
Jawohl, sonst wär' dies ein unmenschlich Schauspiel.
Und unsre Gründe sind so wohl bedacht,
Wärt Ihr der Sohn des Cäsar, Mark Anton,
Sie g'nügten Euch.

Antonius.   Das such ich einzig ja.
Auch halt ich an um die Vergünstigung,
Den Leichnam auszustellen auf dem Markt,
Und auf der Bühne, wie's dem Freunde ziemt,
Zu reden bei der Feier der Bestattung.

Brutus. Das mögt Ihr, Mark Anton.

Cassius.   Brutus, ein Wort mit Euch!

(Beiseite.) Ihr wißt nicht, was Ihr tut: gestattet nicht,
Daß ihm Antonius die Rede halte.
Wißt Ihr, wie sehr das Volk durch seinen Vortrag
Sich kann erschüttern lassen?

Brutus.   Nein, verzeiht.
Ich selbst betrete erst die Bühn' und lege
Von unsers Cäsars Tod die Gründe dar.
Was dann Antonius sagen wird, erklär ich,
Gescheh' erlaubt und mit Bewilligung;
Es sei uns recht, daß Cäsar jeder Ehre
Teilhaftig werde, so die Sitte heiligt.
Dies wird uns mehr Gewinn als Schaden bringen.

Cassius. Wer weiß, was vorfällt? Ich bin nicht dafür.

Brutus. Hier, Mark Anton, nehmt Ihr die Leiche Cäsars.
Ihr sollt uns nicht in Eurer Rede tadeln,
Doch sprecht von Cäsarn Gutes nach Vermögen
Und sagt, daß Ihr's mit unserm Willen tut.
Sonst sollt Ihr gar mit dem Begängnis nichts
Zu schaffen haben. Auf derselben Bühne,
Zu der ich jetzo gehe, sollt Ihr reden,
Wenn ich zu reden aufgehört.

Antonius.   So sei's,
Ich wünsche weiter nichts.

Brutus. Bereitet denn die Leich' und folget uns.
            (Alle bis auf Antonius ab.)

Antonius. O du, verzeih mir, blutend Stückchen Erde!
Daß ich mit diesen Schlächtern freundlich tat.
Du bist der Rest des edelsten der Männer,
Der jemals lebt' im Wechsellauf der Zeit.
Weh! weh der Hand, die dieses Blut vergoß!
Jetzt prophezei ich über deinen Wunden,
Die ihre Purpurlippen öffnen, stumm
Von meiner Zunge Stimm' und Wort erflehend:
Ein Fluch wird fallen auf der Menschen Glieder,
Und innre Wut und wilder Bürgerzwist
Wird ängsten alle Teil' Italiens;
Verheerung, Mord wird so zur Sitte werden,
Und so gemein das Furchtbarste, daß Mütter
Nur lächeln, wenn sie ihre zarten Kinder
Gevierteilt von des Kriegers Händen sehn.
Die Fertigkeit in Greueln würgt das Mitleid;
Und Cäsars Geist, nach Rache jagend, wird,

Zur Seit' ihm Ate, heiß der Höll' entstiegen,
In diesen Grenzen mit des Herrschers Ton
Mord rufen und des Kriegers Hund' entfesseln,
Daß diese Schandtat auf der Erde stinke
Von Menschenaas, das um Bestattung ächzt.
                    (Ein Diener kommt.)
Ihr dienet dem Octavius Cäsar? nicht?

D i e n e r. Ja, Mark Anton.

A n t o n i u s. Cäsar beschied ihn schriftlich her nach Rom.

D i e n e r. Die Brief' empfing er und ist unterwegs;
    Und mündlich hieß er mich an Euch bestellen –
    (Er erblickt den Leichnam Cäsars.)
    O Cäsar!

A n t o n i u s.
    Dein Herz ist voll, geh auf die Seit' und weine.
    Ich sehe, Leid steckt an: denn meine Augen,
    Da sie des Grames Perlen sahn in deinen,
    Begannen sie zu fließen. – Kommt dein Herr?

D i e n e r. Er bleibt zu Nacht von Rom nur sieben Meilen.

A n t o n i u s.
    Reit schnell zurück und meld ihm, was geschehn.
    Hier ist ein Rom voll Trauer und Gefahr,
    Kein sichres Rom noch für Octavius.
    Eil hin und sag ihm das! – Nein, warte noch!
    Du sollst nicht fort, bevor ich diese Leiche
    Getragen auf den Markt und meine Rede
    Das Volk geprüft, wie dieser blut'gen Männer
    Unmenschliches Beginnen ihm erscheint.
    Und demgemäß sollst du dem jungen Cäsar
    Berichten, wie allhier die Dinge stehn.
    Leih deinen Arm mir.
            (Beide ab mit Cäsars Leiche.)

ZWEITE SZENE

Das Forum.

(Brutus und Cassius kommen mit einem Haufen Volkes.)

B ü r g e r.
    Wir wollen Rechenschaft, legt Rechenschaft uns ab!

B r u t u s. So folget mir und gebt Gehör mir, Freunde. –
    Ihr, Cassius, geht in eine andre Straße

Und teilt die Haufen –
Wer mich will reden hören, bleibe hier;
Wer Cassius folgen will, der geh mit ihm.
Wir wollen öffentlich die Gründ' erklären
Von Cäsars Tod.

Erster Bürger. Ich will den Brutus hören.

Zweiter Bürger.
Den Cassius ich: so können wir die Gründe
Vergleichen, wenn wir beide angehört.

(Cassius mit einigen Bürgern ab. Brutus besteigt die Rostra.)

Dritter Bürger.
Der edle Brutus steht schon oben: still!

Brutus. Seid ruhig bis zum Schluß.
Römer! Mitbürger! Freunde! Hört mich meine Sache füh-
ren und seid still, damit ihr hören möget. Glaubt mir um
meiner Ehre willen und hegt Achtung vor meiner Ehre,
damit ihr glauben mögt. Richtet mich nach eurer Weisheit
und weckt eure Sinne, um desto besser urteilen zu können. Ist jemand in dieser Versammlung, irgendein herz-
licher Freund Cäsars, dem sage ich: des Brutus Liebe zum
Cäsar war nicht geringer als seine. Wenn dieser Freund
dann fragt, warum Brutus gegen Cäsar aufstand, ist dies
meine Antwort: nicht, weil ich Cäsarn weniger liebte, son-
dern weil ich Rom mehr liebte. Wolltet ihr lieber, Cäsar
lebte und ihr stürbet alle als Sklaven, als daß Cäsar tot
ist, damit ihr alle lebet wie freie Männer? Weil Cäsar mich
liebte, wein ich um ihn; weil er glücklich war, freue ich
mich; weil er tapfer war, ehr ich ihn; aber weil er herrschsüchtig war, erschlug ich ihn. Also Tränen für seine Liebe,
Freude für sein Glück, Ehre für seine Tapferkeit, und Tod
für seine Herrschsucht. Wer ist hier so niedrig gesinnt, daß
er ein Knecht sein möchte? Ist es jemand, er rede, denn
ihn habe ich beleidigt. Wer ist hier so roh, daß er nicht
wünschte, ein Römer zu sein? Ist es jemand, er rede, denn
ihn habe ich beleidigt[15]. Ich halte inne, um Antwort zu
hören.

Bürger. *(Verschiedne Stimmen auf einmal.)*
Niemand, Brutus, niemand.

---

15. Es fehlt: *Who is here so vile, that will not love his country? If
any, speak; for him have I offended.* (Wer ist hier so niederträchtig, daß
er nicht sein Vaterland liebt? Ist es jemand, so rede er; denn ihn habe
ich beleidigt.)

B r u t u s. Dann habe ich niemand beleidigt. Ich tat Cäsarn
nichts, als was ihr dem Brutus tun würdet. Die Unter-
suchung über seinen Tod ist im Kapitol aufgezeichnet: sein
Ruhm nicht geschmälert, wo er Verdienste hatte, seine
Vergehen nicht übertrieben, für die er den Tod gelitten.
(Antonius und andre treten auf mit Cäsars Leiche.) Hier
kommt seine Leiche, vom Mark Anton betrauert, der, ob
er schon keinen Teil an seinem Tode hatte, die Wohltat
seines Sterbens, einen Platz im gemeinen Wesen, genießen
wird. Wer von euch wird es nicht? Hiermit trete ich ab:
wie ich meinen besten Freund für das Wohl Roms erschlug,
so habe ich denselben Dolch für mich selbst, wenn es dem
Vaterlande gefällt, meinen Tod zu bedürfen.

B ü r g e r. Lebe, Brutus! lebe! lebe!

E r s t e r B ü r g e r. Begleitet mit Triumph ihn in sein Haus.

Z w e i t e r B ü r g e r.
    Stellt ihm ein Bildnis auf bei seinen Ahnen.

D r i t t e r B ü r g e r. Er werde Cäsar.

V i e r t e r B ü r g e r.
    Im Brutus krönt ihr Cäsars beßre Gaben.

E r s t e r B ü r g e r.
    Wir bringen ihn zu Haus mit lautem Jubel.

B r u t u s. Mitbürger –

Z w e i t e r B ü r g e r. Schweigt doch! stille! Brutus spricht.

E r s t e r B ü r g e r. Still da!

B r u t u s. Ihr guten Bürger, laßt allein mich gehn:
    Bleibt mir zuliebe hier beim Mark Anton.
    Ehrt Cäsars Leiche, ehret seine Rede,
    Die Cäsars Ruhm verherrlicht: dem Antonius
    Gab unser Will' Erlaubnis, sie zu halten.
    Ich bitt euch, keiner gehe fort von hier
    Als ich allein, bis Mark Anton gesprochen. *(Ab.)*

E r s t e r B ü r g e r.
    He, bleibt doch! Hören wir den Mark Anton.

D r i t t e r B ü r g e r.
    Laßt ihn hinaufgehn auf die Rednerbühne.
    Ja, hört ihn! Edler Mark Anton, hinauf!

A n t o n i u s. Um Brutus' willen bin ich euch verpflichtet.

V i e r t e r B ü r g e r. Was sagt er da vom Brutus?

D r i t t e r B ü r g e r.
    Er sagt, um Brutus' willen find' er sich
    Uns insgesamt verpflichtet.

Vierter Bürger.   Er täte wohl,
   Dem Brutus hier nichts Übles nachzureden.
Erster Bürger. Der Cäsar war ein Tyrann.
Dritter Bürger.   Ja, das ist sicher.
   Es ist ein Glück für uns, daß Rom ihn los ward.
Vierter Bürger.
   Still! Hört doch, was Antonius sagen kann!
Antonius. Ihr edlen Römer –
Bürger.   Still da! hört ihn doch!
Antonius. Mitbürger! Freunde! Römer! hört mich an:
   Begraben will ich Cäsarn, nicht ihn preisen.
   Was Menschen Übles tun, das überlebt sie,
   Das Gute wird mit ihnen oft begraben.
   So sei es auch mit Cäsarn! Der edle Brutus
   Hat euch gesagt, daß er voll Herrschsucht war;
   Und war er das, so war's ein schwer Vergehen,
   Und schwer hat Cäsar auch dafür gebüßt.
   Hier, mit des Brutus' Willen und der andern
   (Denn Brutus ist ein ehrenwerter Mann,
   Das sind sie alle, alle ehrenwert),
   Komm ich, bei Cäsars Leichenzug zu reden.
   Er war mein Freund, war mir gerecht und treu,
   Doch Brutus sagt, daß er voll Herrschsucht war,
   Und Brutus ist ein ehrenwerter Mann.
   Er brachte viel Gefangne heim nach Rom,
   Wofür das Lösegeld den Schatz gefüllt.
   Sah das der Herrschsucht wohl am Cäsar gleich?
   Wenn Arme zu ihm schrien, so weinte Cäsar:
   Die Herrschsucht sollt' aus härterm Stoff bestehn.
   Doch Brutus sagt, daß er voll Herrschsucht war,
   Und Brutus ist ein ehrenwerter Mann.
   Ihr alle saht, wie am Luperkusfest
   Ich dreimal ihm die Königskrone bot,
   Die dreimal er geweigert. War das Herrschsucht?
   Doch Brutus sagt, daß er voll Herrschsucht war,
   Und ist gewiß ein ehrenwerter Mann.
   Ich will, was Brutus sprach, nicht widerlegen,
   Ich spreche hier von dem nur, was ich weiß.
   Ihr liebtet all ihn einst nicht ohne Grund:
   Was für ein Grund wehrt euch, um ihn zu trauern?
   O Urteil, du entflohst zum blöden Vieh,
   Der Mensch ward unvernünftig! – Habt Geduld!

Mein Herz ist in dem Sarge hier beim Cäsar,
Und ich muß schweigen, bis es mir zurückkommt.

E r s t e r B ü r g e r .
Mich dünkt, in seinen Reden ist viel Grund.

Z w e i t e r B ü r g e r .
Wenn man die Sache recht erwägt, ist Cäsarn
Groß Unrecht widerfahren.

D r i t t e r B ü r g e r .   Meint ihr, Bürger?
Ich fürcht, ein Schlimmrer kommt an seine Stelle.

V i e r t e r B ü r g e r .
Habt ihr gehört? Er nahm die Krone nicht,
Da sieht man, daß er nicht herrschsüchtig war.

E r s t e r B ü r g e r .
Wenn dem so ist, so wird es manchem teuer
Zu stehen kommen.

Z w e i t e r B ü r g e r . Ach, der arme Mann!
Die Augen sind ihm feuerrot vom Weinen.

D r i t t e r B ü r g e r .
Antonius ist der bravste Mann in Rom.

V i e r t e r B ü r g e r .
Gebt acht, er fängt von neuem an zu reden.

A n t o n i u s .
Noch gestern hätt' umsonst dem Worte Cäsars
Die Welt sich widersetzt: nun liegt er da,
Und der Geringste neigt sich nicht vor ihm.
O Bürger! strebt' ich, Herz und Mut in euch
Zur Wut und zur Empörung zu entflammen,
So tät' ich Cassius und Brutus unrecht,
Die ihr als ehrenwerte Männer kennt.
Ich will nicht ihnen unrecht tun, will lieber
Dem Toten unrecht tun, mir selbst und euch,
Als ehrenwerten Männern, wie sie sind.
Doch seht dies Pergament mit Cäsars Siegel;
Ich fand's bei ihm, es ist sein letzter Wille.
Vernähme nur das Volk dies Testament
(Das ich, verzeiht mir, nicht zu lesen denke),
Sie gingen hin und küßten Cäsars Wunden
Und tauchten Tücher in sein heil'ges Blut,
Ja bäten um ein Haar zum Angedenken,
Und sterbend nennten sie's im Testament
Und hinterließen's ihres Leibes Erben
Zum köstlichen Vermächtnis.

Vierter Bürger.
> Wir wollen's hören: lest das Testament!
> Lest, Mark Anton.

Bürger.   Ja, ja, das Testament!
> Laßt Cäsars Testament uns hören.

Antonius.
> Seid ruhig, lieben Freund'! Ich darf's nicht lesen,
> Ihr müßt nicht wissen, wie euch Cäsar liebte.
> Ihr seid nicht Holz, nicht Stein, ihr seid ja Menschen;
> Drum, wenn ihr Cäsars Testament erführt,
> Es setzt' in Flammen euch, es macht' euch rasend.
> Ihr dürft nicht wissen, daß ihr ihn beerbt,
> Denn wüßtet ihr's, was würde draus entstehn?

Bürger.
> Lest das Testament! Wir wollen's hören, Mark Anton.
> Lest das Testament! Cäsars Testament!

Antonius.
> Wollt ihr euch wohl gedulden? wollt ihr warten?
> Ich übereilte mich, da ich's euch sagte.
> Ich fürcht, ich tu den ehrenwerten Männern
> Zu nah, von deren Dolchen Cäsar fiel;
> Ich fürcht es.

Vierter Bürger.
> Sie sind Verräter: ehrenwerte Männer!

Bürger. Das Testament! Das Testament!

Zweiter Bürger.
> Sie waren Bösewichter, Mörder! Das Testament!
> Lest das Testament!

Antonius.
> So zwingt ihr mich, das Testament zu lesen?
> Schließt einen Kreis um Cäsars Leiche denn,
> Ich zeig euch den, der euch zu Erben machte.
> Erlaubt ihr mir's? soll ich hinuntersteigen?

Bürger. Ja, kommt nur!

Zweiter Bürger.   Steigt herab!
> *(Er verläßt die Rednerbühne.)*

Dritter Bürger.   Es ist Euch gern erlaubt.

Vierter Bürger. Schließt einen Kreis herum.

Erster Bürger.
> Zurück vom Sarge! von der Leiche weg!

Zweiter Bürger.
> Platz für Antonius! für den edlen Antonius!

A n t o n i u s. Nein, drängt nicht so heran! Steht weiter weg!
B ü r g e r. Zurück! Platz da! zurück!
A n t o n i u s. Wofern ihr Tränen habt, bereitet euch,
    Sie jetzo zu vergießen. Diesen Mantel,
    Ihr kennt ihn alle; noch erinnr' ich mich
    Des ersten Males, da ihn Cäsar trug
    In seinem Zelt, an einem Sommerabend –
    Er überwand den Tag die Nervier –
    Hier, schauet! fuhr des Cassius Dolch herein;
    Seht, welchen Riß der tück'sche Casca machte!
    Hier stieß der vielgeliebte Brutus durch.
    Und als er den verfluchten Stahl hinweggriß,
    Schaut her, wie ihm das Blut des Cäsar folgte,
    Als stürzt' es vor die Tür, um zu erfahren,
    Ob wirklich Brutus so unfreundlich klopfte.
    Denn Brutus, wie ihr wißt, war Cäsars Engel. –
    Ihr Götter, urteilt, wie ihn Cäsar liebte!
    Kein Stich von allen schmerzte so wie der.
    Denn als der edle Cäsar Brutus sah,
    Warf Undank, stärker als Verräterwaffen,
    Ganz nieder ihn: da brach sein großes Herz,
    Und in den Mantel sein Gesicht verhüllend,
    Grad am Gestell der Säule des Pompejus,
    Von der das Blut rann, fiel der große Cäsar.
    O meine Bürger, welch ein Fall war das!
    Da fielet ihr und ich; wir alle fielen,
    Und über uns frohlockte blut'ge Tücke.
    O ja! nun weint ihr, und ich merk, ihr fühlt
    Den Drang des Mitleids: dies sind milde Tropfen.
    Wie? weint ihr, gute Herzen, seht ihr gleich
    Nur unsers Cäsars Kleid verletzt? Schaut her!
    Hier ist er selbst, geschändet von Verrätern.
E r s t e r B ü r g e r. O kläglich Schauspiel!
Z w e i t e r B ü r g e r. O edler Cäsar!
D r i t t e r B ü r g e r. O jammervoller Tag!
V i e r t e r B ü r g e r. O Buben und Verräter!
E r s t e r B ü r g e r. O blut'ger Anblick!
Z w e i t e r B ü r g e r. Wir wollen Rache.
A l l e.   Auf sucht!
    Sengt! brennt! schlagt! mordet! laßt nicht einen leben!
A n t o n i u s. Seid ruhig, meine Bürger!
E r s t e r B ü r g e r. Still da! Hört den edlen Antonius!

Z w e i t e r B ü r g e r.
> Wir wollen ihn hören, wir wollen ihm folgen, wir wollen
> > für ihn sterben.

A n t o n i u s. Ihr guten, lieben Freund', ich muß euch nicht
> Hinreißen zu des Aufruhrs wildem Sturm.
> Die diese Tat getan, sind ehrenwert.
> Was für Beschwerden sie persönlich führen,
> Warum sie's taten, ach! das weiß ich nicht.
> Doch sind sie weis' und ehrenwert und werden
> Euch sicherlich mit Gründen Rede stehn.
> Nicht euer Herz zu stehlen komm ich, Freunde:
> Ich bin kein Redner, wie es Brutus ist,
> Nur, wie ihr alle wißt, ein schlichter Mann,
> Dem Freund ergeben, und das wußten die
> Gar wohl, die mir gestattet, hier zu reden.
> Ich habe weder Schriftliches[16] noch Worte,
> Noch Würd' und Vortrag, noch die Macht der Rede,
> Der Menschen Blut zu reizen; nein, ich spreche
> Nur gradezu und sag euch, was ihr wißt.
> Ich zeig euch des geliebten Cäsars Wunden,
> Die armen stummen Munde, heiße die
> Statt meiner reden. Aber wär' ich Brutus,
> Und Brutus Mark Anton, dann gäb' es einen,
> Der eure Geister schürt' und jeder Wunde
> Des Cäsar eine Zunge lieh', die selbst
> Die Steine Roms zum Aufstand würd' empören.

D r i t t e r B ü r g e r. Empörung!

E r s t e r B ü r g e r.   Steckt des Brutus Haus in Brand.

D r i t t e r B ü r g e r.
> Hinweg denn! kommt, sucht die Verschwornen auf!

A n t o n i u s. Noch hört mich, meine Bürger, hört mich an!

B ü r g e r.
> Still da! Hört Mark Anton! den edlen Mark Anton!

A n t o n i u s.
> Nun, Freunde, wißt ihr selbst auch, was ihr tut?
> Wodurch verdiente Cäsar eure Liebe?
> Ach nein! ihr wißt nicht. – Hört es denn! Vergessen
> Habt ihr das Testament, wovon ich sprach.

B ü r g e r.
> Wohl wahr! Das Testament! Bleibt, hört das Testament!

---

16. Schlegel übersetzt nach der ersten Folio. Inzwischen wird generell
die Konjektur *wit* (Witz, Geist) akzeptiert.

A n t o n i u s. Hier ist das Testament mit Cäsars Siegel.
   Darin vermacht er jedem Bürger Roms,
   Auf jeden Kopf euch fünfundsiebzig Drachmen.
Z w e i t e r B ü r g e r.
   O edler Cäsar! – Kommt, rächt seinen Tod!
D r i t t e r B ü r g e r.
   O königlicher Cäsar!
A n t o n i u s.   Hört mich mit Geduld!
B ü r g e r. Still da!
A n t o n i u s. Auch läßt er alle seine Lustgehege,
   Verschloßne Lauben, neugepflanzte Gärten,
   Diesseits der Tiber, euch und euren Erben
   Auf ew'ge Zeit, damit ihr euch ergehn
   Und euch gemeinsam dort ergötzen könnt.
   Das war ein Cäsar: wann kommt seinesgleichen?
E r s t e r B ü r g e r.
   Nimmer! nimmer! – Kommt! hinweg! hinweg!
   Verbrennt den Leichnam auf dem heil'gen Platze,
   Und mit den Bränden zündet den Verrätern
   Die Häuser an. Nehmt denn die Leiche auf!
Z w e i t e r B ü r g e r. Geht! holt Feuer!
D r i t t e r B ü r g e r. Reißt Bänke ein!
V i e r t e r B ü r g e r. Reißt Sitze, Läden, alles ein!
      (Die Bürger mit Cäsars Leiche ab.)
A n t o n i u s.
   Nun wirk' es fort. Unheil, du bist im Zuge:
   Nimm, welchen Lauf du willst! –
         (Ein Diener kommt.)
                        Was bringst du, Bursch?
D i e n e r. Herr, Octavius ist schon nach Rom gekommen.
A n t o n i u s. Wo ist er?
D i e n e r. Er und Lepidus sind in Cäsars Hause.
A n t o n i u s. Ich will sofort dahin, ihn zu besuchen,
   Er kommt erwünscht. Das Glück ist aufgeräumt
   Und wird in dieser Laun' uns nichts versagen.
D i e n e r. Ich hört' ihn sagen, Cassius und Brutus
   Sei'n durch die Tore Roms wie toll geritten.
A n t o n i u s.
   Vielleicht vernahmen sie vom Volke Kundschaft,
   Wie ich es aufgewiegelt. Führ indes
   Mich zum Octavius.
         (Beide ab.)

DRITTE SZENE

Eine Straße.

(Cinna der Poet tritt auf.)

C i n n a. Mir träumte heut, daß ich mit Cäsarn schmauste,
Und Mißgeschick füllt meine Phantasie.
Ich bin unlustig, aus dem Haus zu gehn,
Doch treibt es mich heraus.

(Bürger kommen.)

E r s t e r   B ü r g e r. Wie ist Euer Name?
Z w e i t e r   B ü r g e r. Wo geht Ihr hin?
D r i t t e r   B ü r g e r. Wo wohnt Ihr?
V i e r t e r   B ü r g e r. Seid Ihr verheiratet oder ein Jung-
gesell?
Z w e i t e r   B ü r g e r. Antwortet jedem unverzüglich.
E r s t e r   B ü r g e r. Ja, und kürzlich.
V i e r t e r   B ü r g e r. Ja, und weislich.
D r i t t e r   B ü r g e r. Ja, und ehrlich, das raten wir Euch.
C i n n a. Wie ist mein Name? Wohin gehe ich? Wo wohne
ich? Bin ich verheiratet oder ein Junggesell? Also um je-
dem Manne unverzüglich und kürzlich, weislich und ehr-
lich zu antworten, sage ich weislich: ich bin ein Junggesell.
Z w e i t e r   B ü r g e r. Das heißt so viel: wer heiratet, ist
ein Narr. Dafür denke ich Euch eins zu versetzen. — Wei-
ter, unverzüglich!
C i n n a. Unverzüglich gehe ich zu Cäsars Bestattung.
E r s t e r   B ü r g e r. Als Freund oder Feind?
C i n n a. Als Freund.
Z w e i t e r   B ü r g e r. Das war unverzüglich beantwortet.
V i e r t e r   B ü r g e r. Eure Wohnung, kürzlich!
C i n n a. Kürzlich, ich wohne beim Kapitol.
D r i t t e r   B ü r g e r. Euer Name, Herr! ehrlich!
C i n n a. Ehrlich, mein Name ist Cinna.
E r s t e r   B ü r g e r. Reißt ihn in Stücke! Er ist ein Ver-
schworner.
C i n n a. Ich bin Cinna der Poet! Ich bin Cinna der Poet!
V i e r t e r   B ü r g e r. Zerreißt ihn für seine schlechten
Verse! Zerreißt ihn für seine schlechten Verse!
C i n n a. Ich bin nicht Cinna der Verschworne.
V i e r t e r   B ü r g e r. Es tut nichts: sein Name ist Cinna;
reißt ihm den Namen aus dem Herzen und laßt ihn laufen.

Dritter Bürger. Zerreißt ihn! zerreißt ihn! Kommt,
　　Brände! Heda, Feuerbrände! Zum Brutus! zum Cassius!
　　Steckt alles in Brand! Ihr zu des Decius Hause! Ihr zu des
　　Casca! Ihr zu des Ligarius! Fort! kommt!
　　　　　　　　(Alle ab.)

VIERTER AUFZUG

ERSTE SZENE

Rom. Ein Zimmer im Hause des Antonius.

(Antonius, Octavius und Lepidus treten auf.)

Antonius. Die müssen also sterben, deren Namen
　　Hier angezeichnet stehn.
Octavius.　　　　　　　Auch Euer Bruder
　　Muß sterben, Lepidus. Ihr willigt drein?
Lepidus. Ich will'ge drein.
Octavius.　　　　　　　Zeichn' ihn, Antonius.
Lepidus. Mit dem Beding, daß Publius nicht lebe,
　　Der Eurer Schwester Sohn ist, Mark Anton.
Antonius.
　　Er lebe nicht: sieh her, ein Strich verdammt ihn.
　　Doch, Lepidus, geht Ihr zu Cäsars Haus,
　　Bringt uns sein Testament: wir wollen sehn,
　　Was an Vermächtnissen sich kürzen läßt.
Lepidus. Wie? soll ich hier Euch finden?
Octavius. Hier oder auf dem Kapitol.
　　　　　　　　(Lepidus ab.)
Antonius. Dies ist ein schwacher, unbrauchbarer Mensch,
　　Zum Botenlaufen nur geschickt. Verdient er,
　　Wenn man die dreibenamte Welt verteilt,
　　Daß er, als dritter Mann, sein Teil empfange?
Octavius. Ihr glaubtet es und hörtet auf sein Wort,
　　Wen man im schwarzen Rate unsrer Acht
　　Zum Tode zeichnen sollte.
Antonius. Octavius, ich sah mehr Tag' als Ihr.
　　Ob wir auf diesen Mann schon Ehren häufen,
　　Um manche Last des Leumunds abzuwälzen,

Er trägt sie doch nur wie der Esel Gold,
Der unter dem Geschäfte stöhnt und schwitzt,
Geführt, getrieben, wie den Weg wir weisen;
Und hat er unsern Schatz, wohin wir wollen,
Gebracht, dann nehmen wir die Last ihm ab
Und lassen ihn als led'gen Esel laufen,
Daß er die Ohren schütteln mög' und grasen
Auf offner Weide.

Octavius.   Tut, was Euch beliebt;
Doch ist er ein geprüfter, wackrer Krieger.

Antonius. Das ist mein Pferd ja auch, Octavius,
Dafür bestimm ich ihm sein Maß von Futter.
Ist's ein Geschöpf nicht, das ich lehre fechten,
Umwenden, halten, grade vorwärts rennen,
Des körperliches Tun mein Geist regiert?
In manchem Sinn ist Lepidus nichts weiter:
Man muß ihn erst abrichten, lenken, mahnen;
Ein Mensch von dürft'gem Geiste, der sich nährt
Von Gegenständen, Künsten, Nachahmungen,
Die, alt und schon von andern abgenutzt,
Erst seine Mode werden: sprecht nicht anders
Von ihm als einem Eigentum[17]. – Und nun,
Octavius, vernehmet große Dinge.
Brutus und Cassius werben Völker an,
Wir müssen ihnen stracks die Spitze bieten.
Drum laßt die Bundsgenossen uns versammeln,
Die Freunde sichern, alle Macht aufbieten;
Und laßt zu Rat uns sitzen alsobald,
Wie man am besten Heimliches entdeckt
Und offnen Fährlichkeiten sicher trotzt.

Octavius.
Das laßt uns tun: denn uns wird aufgelauert[18],
Und viele Feinde bellen um uns her,
Und manche, so da lächeln, fürcht ich, tragen
Im Herzen tausend Unheil.

(Beide ab.)

---

17. *a property* (hier: bloßes Werkzeug).
18. *we are at the stake* (wir stehen am Pfahl). Metapher aus der
Bärenhatz.

ZWEITE SZENE

Vor Brutus' Zelte, im Lager nahe bei Sardes.

*(Die Trommel gerührt. Brutus, Lucilius, Lucius und Solda-
ten treten auf; Pindarus und Titinius kommen ihnen entgegen.)*

B r u t u s. Halt!
L u c i l i u s. He! gebt das Wort und haltet.
B r u t u s. Was gibt's, Lucilius? Ist Cassius nahe?
L u c i l i u s. Er ist nicht weit, und hier kommt Pindarus,
 Im Namen seines Herrn Euch zu begrüßen.
  (Pindarus überreicht dem Brutus einen Brief.)
B r u t u s. Sein Gruß ist freundlich. Wißt, daß Euer Herr,
 Von selbst verändert oder schlecht beraten,
 Mir gült'gen Grund gegeben, ungeschehn
 Geschehenes zu wünschen. Aber ist er
 Hier in der Näh', so wird er mir genugtun.
P i n d a r u s. Ich zweifle nicht, voll Ehr' und Würdigkeit
 Wird, wie er ist, mein edler Herr erscheinen.
B r u t u s. Wir zweifeln nicht an ihm. – Ein Wort, Lucilius!
 Laßt mich erfahren, wie er Euch empfing.
L u c i l i u s. Mit Höflichkeit und Ehrbezeugung g'nug,
 Doch nicht mit so vertrauter Herzlichkeit,
 Nicht mit so freiem, freundlichem Gespräch,
 Als er vordem wohl pflegte.
B r u t u s.   Du beschreibst,
 Wie warme Freund' erkalten. Merke stets,
 Lucilius, wenn Lieb' erkrankt und schwindet,
 Nimmt sie gezwungne Höflichkeiten an.
 Einfält'ge schlichte Treu' weiß nichts von Künsten;
 Doch Gleisner sind wie Pferde, heiß im Anlauf:
 Sie prangen schön mit einem Schein von Kraft,
 Doch sollen sie den blut'gen Sporn erdulden,
 So sinkt ihr Stolz, und falschen Mähren gleich
 Erliegen sie der Prüfung. – Naht sein Heer?
L u c i l i u s. Sie wollten Nachtquartier in Sardes halten.
 Der größte Teil, die ganze Reiterei
 Kommt mit dem Cassius.
   (Ein Marsch hinter der Szene.)
B r u t u s.   Horch! er ist schon da.
 Rückt langsam ihm entgegen.
   (Cassius tritt auf mit Soldaten.)

Cassius. Halt!
Brutus. Halt! Gebt das Befehlswort weiter.
Erster Soldat. Halt!
Zweiter Soldat. Halt!
Dritter Soldat. Halt!
Cassius. Ihr tatet mir zu nah, mein edler Brutus.
Brutus. Ihr Götter, richtet! Tu ich meinen Feinden
    Zu nah, und sollt' ich's meinem Bruder tun?
Cassius. Brutus, dies Euer nüchternes Benehmen
    Deckt Unrecht zu, und wenn Ihr es begeht –
Brutus. Seid ruhig, Cassius! bringet leise vor,
    Was für Beschwerd' Ihr habt. – Ich kenn' Euch wohl. –
    Im Angesicht der beiden Heere hier,
    Die nichts von uns als Liebe sehen sollten,
    Laßt uns nicht hadern. Heißt hinweg sie ziehn,
    Führt Eure Klagen dann in meinem Zelt;
    Ich will Gehör Euch geben.
Cassius.   Pindarus,
    Heißt unsre Obersten ein wenig weiter
    Von diesem Platz hinweg die Scharen führen.
Brutus. Tut Ihr das auch, Lucilius. Laßt niemand,
    Solang die Unterredung dauert, ein.
    Laßt Lucius und Titinius Wache stehn.
             (Alle ab.)

DRITTE SZENE

Im Zelte des Brutus.

(Brutus und Cassius treten auf.)

Cassius. Eu'r Unrecht gegen mich erhellet hieraus:
    Ihr habt den Lucius Pella hart verdammt,
    Weil er bestochen worden von den Sardern.
    Mein Brief, worin ich mich für ihn verwandt,
    Weil ich ihn kenne, ward für nichts geachtet.
Brutus.
    Ihr tatet Euch zu nah, in solchem Fall zu schreiben.
Cassius. In solcher Zeit wie diese ziemt es nicht,
    Daß jeder kleine Fehl bekrittelt werde.
Brutus. Laßt mich Euch sagen, Cassius, daß Ihr selbst
    Verschrien seid, weil Ihr hohle Hände macht,

Weil Ihr an Unverdiente Eure Ämter
Verkauft und feilschet.

C a s s i u s.   Mach ich hohle Hände?
Ihr wißt wohl, Ihr seid Brutus, der dies sagt,
Sonst, bei den Göttern! wär' dies Wort Eu'r letztes.

B r u t u s.   Des Cassius' Name adelt die Bestechung,
Darum verbirgt die Züchtigung ihr Haupt.

C a s s i u s.   Die Züchtigung!

B r u t u s.   Denkt an den März! denkt an des Märzen Idus!
Hat um das Recht der große Julius nicht
Geblutet? Welcher Bube legt' an ihn
Die Hand wohl, schwang den Stahl, und nicht ums
                               Recht?
Wie? soll nun einer derer, die den ersten
Von allen Männern dieser Welt erschlugen,
Bloß weil er Räuber schützte: sollen wir
Mit schnöden Gaben unsre Hand besudeln?
Und unsrer Würden weiten Kreis verkaufen
Für so viel Plunders, als man etwa greift?
Ein Hund sein lieber, und den Mond anbellen,
Als solch ein Römer!

C a s s i u s.   Brutus, reizt mich nicht,
Ich will's nicht dulden. Ihr vergeßt Euch selbst,
Wenn Ihr mich so umzäunt: ich bin ein Krieger,
Erfahrner, älter, fähiger als Ihr,
Bedingungen zu machen.

B r u t u s.   Redet nur,
Ihr seid es doch nicht, Cassius.

C a s s i u s.   Ich bin's.

B r u t u s.   Ich sag, Ihr seid es nicht.

C a s s i u s.
Drängt mich nicht mehr, ich werde mich vergessen;
Gedenkt an Euer Heil, reizt mich nicht länger.

B r u t u s.   Geht, leichtgesinnter Mann[19]!

C a s s i u s.   Ist's möglich?

B r u t u s.   Hört mich an, denn ich will reden.
Muß ich mich Eurer jähen Hitze fügen?
Muß ich erschrecken, wenn ein Toller auffährt?

C a s s i u s.   Ihr Götter! Götter! muß ich all dies dulden?

B r u t u s.   All dies? Noch mehr! Ergrimmt, bis es Euch birst,

---

19. *slight man* (wertloser Mann).

Das stolze Herz; geht, zeiget Euren Sklaven,
Wie rasch zum Zorn Ihr seid, und macht sie zittern.
Muß ich beiseit mich drücken, muß den Hof
Euch machen? Muß ich dastehn und mich krümmen
Vor Eurer krausen Laune? Bei den Göttern!
Ihr sollt hinunterwürgen Euren Gift,
Und wenn Ihr börstet: denn von heute an
Dient Ihr zum Scherz, ja zum Gelächter mir,
Wenn Ihr Euch so gebärdet.

C a s s i u s.   Dahin kam's?
B r u t u s.   Ihr sagt, daß Ihr ein beßrer Krieger seid:
Beweist es denn, macht Euer Prahlen wahr.
Es soll mir lieb sein, denn, was mich betrifft,
Ich werde gern von edlen Männern lernen.
C a s s i u s.   Ihr tut zu nah, durchaus zu nah mir, Brutus.
Ich sagt', ein ältrer Krieger, nicht ein beßrer.
Sagt' ich, ein beßrer?
B r u t u s.   Und hättet Ihr's gesagt, mir gilt es gleich.
C a s s i u s.   Mir hätte Cäsar das nicht bieten dürfen.
B r u t u s.   O schweigt! Ihr durftet ihn auch so nicht reizen.
C a s s i u s.   Ich durfte nicht?
B r u t u s.   Nein.
C a s s i u s.   Wie? durft' ihn nicht reizen?
B r u t u s.   Ihr durftet es für Euer Leben nicht.
C a s s i u s.   Wagt nicht zuviel auf meine Liebe hin,
Ich möchte tun, was mich nachher gereute.
B r u t u s.   Ihr habt getan, was Euch gereuen sollte.
Eu'r Drohn hat keine Schrecken, Cassius,
Denn ich bin so bewehrt durch Redlichkeit,
Daß es vorbeizieht wie der leere Wind,
Der nichts mir gilt. Ich sandte hin zu Euch
Um eine Summe Golds, die Ihr mir abschlugt.
Ich kann kein Geld durch schnöde Mittel heben,
Beim Himmel! lieber prägt' ja mein Herz
Und tröpfelte mein Blut für Drachmen aus,
Als daß ich aus der Bauern harten Händen
Die jämmerliche Habe winden sollte
Durch irgendeinen Schlich. – Ich sandt' um Gold
                                                    zu Euch,
Um meine Legionen zu bezahlen:
Ihr schlugt mir's ab: war das, wie Cassius sollte?
Hätt' ich dem Cajus Cassius so erwidert?

    Wenn Marcus Brutus je so geizig wird,
    Daß er so lump'ge Pfennige den Freunden
    Verschließt, dann rüstet Eure Donnerkeile,
    Zerschmettert ihn, ihr Götter!

C a s s i u s. Ich schlug es Euch nicht ab.

B r u t u s.   Ihr tatet es.

C a s s i u s. Ich tat's nicht: der Euch meine Antwort brachte,
    War nur ein Tor. – Brutus zerreißt mein Herz.
    Es sollt' ein Freund des Freundes Schwächen tragen,
    Brutus macht meine größer, als sie sind.

B r u t u s. Das tu ich nicht, bis Ihr damit mich quält.

C a s s i u s. Ihr liebt mich nicht.

B r u t u s.   Nicht Eure Fehler lieb ich.

C a s s i u s. Nie konnt' ein Freundesaug' dergleichen sehn.

B r u t u s. Des Schmeichlers Auge säh' sie nicht, erschienen
    Sie auch so riesenhaft wie der Olymp.

C a s s i u s. Komm, Mark Anton, und komm, Octavius, nur!
    Nehmt eure Rach' allein am Cassius,
    Denn Cassius ist des Lebens überdrüssig:
    Gehaßt von einem, den er liebt; getrotzt
    Von seinem Bruder; wie ein Kind[20] gescholten.
    Man späht nach allen meinen Fehlern, zeichnet
    Sie in ein Denkbuch, lernt sie aus dem Kopf,
    Wirft sie mir in die Zähne. – O ich könnte
    Aus meinen Augen meine Seele weinen!
    Da ist mein Dolch, hier meine nackte Brust;
    Ein Herz drin, reicher als des Plutus Schacht,
    Mehr wert als Gold: wo du ein Römer bist,
    So nimm's heraus. Ich, der dir Gold versagt,
    Ich biete dir mein Herz. Stoß zu, wie einst
    Auf Cäsar! Denn ich weiß, als du am ärgsten
    Ihn haßtest, liebtest du ihn mehr, als je
    Du Cassius geliebt.

B r u t u s.   Steckt Euren Dolch ein!
    Seid zornig, wenn Ihr wollt: es steh Euch frei!
    Tut, was Ihr wollt: Schmach soll für Laune gelten.
    O Cassius! einem Lamm seid Ihr gesellt,
    Das so nur Zorn hegt wie der Kiesel Feuer,
    Der, viel geschlagen, flücht'ge Funken zeigt
    Und gleich drauf wieder kalt ist.

---

20. *bondman* (Knecht).

C a s s i u s.   Lebt' ich dazu,
        Ein Scherz nur und Gelächter meinem Brutus
        Zu sein, wenn Gram und böses Blut mich plagt?
B r u t u s. Als ich das sprach, hatt' ich auch böses Blut.
C a s s i u s. Gesteht Ihr so viel ein? Gebt mir die Hand!
B r u t u s. Und auch mein Herz.
C a s s i u s.   O Brutus.
B r u t u s.   Was verlangt Ihr?
C a s s i u s. Liebt Ihr mich nicht genug, Geduld zu haben,
        Wenn jene rasche Laune, von der Mutter
        Mir angeerbt, macht, daß ich mich vergesse?
B r u t u s. Ja, Cassius; künftig, wenn Ihr allzu streng
        Mit Eurem Brutus seid, so denket er,
        Die Mutter schmäl' aus Euch, und läßt Euch gehn.
                    (Lärm hinter der Szene.)
E i n P o e t *(hinter der Szene)*[21].
        Laßt mich hinein, ich muß die Feldherrn sehn.
        Ein Zank ist zwischen ihnen: 's ist nicht gut,
        Daß sie allein sind.
L u c i l i u s *(hinter der Szene).*
                          Ihr sollt nicht hinein.
P o e t *(hinter der Szene).*
        Der Tod nur hält mich ab. *(Der Poet tritt herein.)*
C a s s i u s.   Ei nun, was gibt's?
P o e t.
        Schämt Ihr Euch nicht, Ihr Feldherrn? Was beginnt Ihr?
        Liebt Euch, wie sich's für solche Männer schickt:
        Fürwahr, ich hab mehr Jahr' als Ihr erblickt.
C a s s i u s. Haha! wie toll der Zyniker nicht reimt!
B r u t u s.
        Ihr Schlingel, packt Euch! Fort, verwegner Bursch!
C a s s i u s. Ertragt ihn, Brutus! seine Weis' ist so.
B r u t u s. Kennt er die Zeit, so kenn ich seine Laune.
        Was soll der Krieg mit solchen Schellennarren?
        Geh fort, Gesell!
C a s s i u s.   Fort! fort! geh deines Wegs!
                    (Der Poet ab.)
                    (Lucilius und Titinius kommen.)

---

        21. Die Regiebemerkungen sind hier umstritten. Möglicherweise treten
Lucilius, Titinius und Lucius zugleich mit dem Dichter auf. Wie bei allen
Regiebemerkungen sind auch hier die relativ weiten Entfernungen auf
der Shakespeare-Bühne zu berücksichtigen.

B r u t u s. Lucilius und Titinius, heißt die Obersten
  Auf Nachtquartier für ihre Scharen denken.
C a s s i u s.
  Kommt selber dann und bringt mit euch Messala
  Sogleich zu uns herein.
          (Lucilius und Titinius ab.)
B r u t u s. Lucius, eine Schale Weins.
C a s s i u s. Ich dachte nicht, daß Ihr so zürnen könntet.
B r u t u s. O Cassius, ich bin krank an manchem Gram.
C a s s i u s. Ihr wendet die Philosophie nicht an,
  Die Ihr bekennt, gebt Ihr zufäll'gen Übeln Raum.
B r u t u s. Kein Mensch trägt Leiden besser. — Portia starb.
C a s s i u s. Ha! Portia!
B r u t u s.   Sie ist tot.
C a s s i u s. Lag das im Sinn Euch, wie entkam ich lebend?
  O bittrer, unerträglicher Verlust!
  An welcher Krankheit?
B r u t u s.   Die Trennung nicht erduldend;
  Und Gram, daß mit Octavius Mark Anton
  So mächtig worden — denn mit ihrem Tod
  Kam der Bericht —, das brachte sie von Sinnen,
  Und wie sie sich allein sah, schlang sie Feuer.
C a s s i u s. Und starb so?
B r u t u s.   Starb so.
C a s s i u s.   O ihr ew'gen Götter!
          (Lucius kommt mit Wein und Kerzen.)
B r u t u s.
  Sprecht nicht mehr von ihr. — Gebt eine Schale Weins!
  Hierin begrab ich allen Unglimpf, Cassius. *(Trinkt.)*
C a s s i u s. Mein Herz ist durstig nach dem edlen Pfand[22].
  Füllt, Lucius, bis der Wein den Becher kränzt,
  Von Brutus' Liebe trink ich nie zuviel. *(Trinkt.)*
          (Lucius ab, Titinius und Messala kommen.)
B r u t u s. Herein, Titinius! Seid gegrüßt, Messala!
  Nun laßt uns dicht um diese Kerze sitzen,
  Und, was uns frommt, in Überlegung ziehn.
C a s s i u s. O Portia, bist du hin!
B r u t u s.   Nicht mehr, ich bitt Euch.
  Messala, seht, ich habe Brief' empfangen,
  Daß Mark Anton, mit ihm Octavius,

22. *that noble pledge* (dieser edle Gunstbeweis). Brutus trinkt auf das
Wohl des Cassius.

Heranziehn gegen uns mit starker Macht
Und ihren Heerzug nach Philippi lenken.
M e s s a l a. Ich habe Briefe von demselben Inhalt.
B r u t u s. Mit welchem Zusatz?
M e s s a l a. Daß durch Proskription und Achtserklärung
Octavius, Mark Anton und Lepidus
Auf hundert Senatoren umgebracht.
B r u t u s. Darüber weichen unsre Briefe ab.
Der meine spricht von siebzig Senatoren,
Die durch die Ächtung fielen; Cicero
Sei einer aus der Zahl.
C a s s i u s.   Auch Cicero?
M e s s a l a. Ja, er ist tot, und durch den Achtsbefehl.
Kam Euer Brief von Eurer Gattin, Herr?
B r u t u s. Nein, Messala.
M e s s a l a. Und meldet Euer Brief von ihr Euch nichts?
B r u t u s. Gar nichts, Messala.
M e s s a l a.   Das bedünkt mich seltsam.
B r u t u s. Warum? wißt Ihr aus Eurem Brief von ihr?
M e s s a l a. Nein, Herr.
B r u t u s.
Wenn Ihr ein Römer seid, sagt mir die Wahrheit.
M e s s a l a.
Tragt denn die Wahrheit, die ich sag, als Römer.
Sie starb und zwar auf wunderbare Weise.
B r u t u s. Leb wohl denn, Portia! – Wir müssen sterben,
Messala; dadurch, daß ich oft bedacht,
Sie müss' einst sterben, hab ich die Geduld,
Es jetzt zu tragen.
M e s s a l a. So trägt ein großer Mann ein großes Unglück.
C a s s i u s. Durch Kunst hab ich so viel hiervon als Ihr,
Doch die Natur ertrüg's in mir nicht so[23].
B r u t u s. Wohlan, zu unserm lebenden Geschäft!
Was denkt Ihr? ziehn wir nach Philippi gleich?
C a s s i u s. Mir scheint's nicht ratsam.
B r u t u s.   Euer Grund?
C a s s i u s.   Hier ist er.
Weit besser ist es, wenn der Feind uns sucht,

---

23. Die Ausführungen über Portia im Gespräch zwischen Messala und
Brutus sind umstritten, da sie mit den vorausgegangenen Worten des
Brutus über ihren Tod nicht harmonieren. Manche halten diese Verse für
eine zweite Version, die nicht nahtlos in den Text eingearbeitet wurde.

So wird er, sich zum Schaden, seine Mittel
Erschöpfen, seine Krieger müde machen.
Wir liegen still indes, bewahren uns
In Ruh', wehrhaftem Stand und Munterkeit.
B r u t u s. Den bessern Gründen müssen gute weichen.
Das Land von hier bis nach Philippi hin
Beweist uns nur aus Zwang Ergebenheit,
Denn murrend hat es Lasten uns gezahlt.
Der Feind, indem er durch dasselbe zieht,
Wird seine Zahl daraus ergänzen können
Und uns erfrischt, vermehrt, ermutigt nahn.
Von diesem Vorteil schneiden wir ihn ab,
Wenn zu Philippi wir die Stirn ihm bieten,
Dies Volk im Rücken.
C a s s i u s.   Hört mich, lieber Bruder!
B r u t u s. Erlaubt mir gütig! – Ferner müßt Ihr merken,
Daß wir von Freunden alles aufgeboten,
Daß unsre Legionen übervoll
Und unsre Sache reif. Der Feind nimmt täglich zu,
Wir, auf dem Gipfel, stehn schon an der Neige.
Der Strom der menschlichen Geschäfte wechselt:
Nimmt man die Flut wahr, führet sie zum Glück;
Versäumt man sie, so muß die ganze Reise
Des Lebens sich durch Not und Klippen winden.
Wir sind nun flott auf solcher hohen See
Und müssen, wenn der Strom uns hebt, ihn nutzen,
Wo nicht, verlieren wir des Zufalls Gunst[24].
C a s s i u s.
So zieht denn, wie Ihr wollt; wir rücken selbst,
Dem Feind entgegen, nach Philippi vor.
B r u t u s. Die tiefe Nacht hat das Gespräch beschlichen,
Und die Natur muß frönen dem Bedürfnis,
Das mit ein wenig Ruh' wir täuschen wollen.
Ist mehr zu sagen noch?
C a s s i u s.   Nein. Gute Nacht!
Früh stehn wir also morgen auf, und fort.
B r u t u s. Lucius!
(Lucius kommt.)
Mein Schlafgewand!
(Lucius ab.)
Lebt wohl, Messala!

24. *our ventures* (unsere Handelsgeschäfte).

    Gute Nacht, Titinius! Edler, edler Cassius,
    Gute Nacht und sanfte Ruh'!
Cassius.   O teurer Bruder!
    Das war ein schlimmer Anfang dieser Nacht.
    Nie trenne solcher Zwiespalt unsre Herzen,
    Nie wieder, Brutus.
        (Lucius kommt zurück mit dem Nachtkleide.)
Brutus.   Alles steht ja wohl.
Cassius. Nun gute Nacht!
Brutus.   Gute Nacht, mein guter Bruder!
Titinius und Messala.
    Mein Feldherr, gute Nacht!
Brutus.   Lebt alle wohl!
       (Cassius, Titinius und Messala ab.)
Brutus. Gib das Gewand, wo hast du deine Laute?
Lucius. Im Zelte hier.
Brutus.   Wie? schläfrig? Armer Schelm,
    Ich tadle drum dich nicht: du hast dich überwacht.
    Ruf Claudius her und andre meiner Leute,
    Sie sollen hier im Zelt auf Kissen schlafen.
Lucius. Varro und Claudius!
        (Varro und Claudius kommen.)
Varro.   Ruft mein Gebieter?
Brutus. Ich bitt euch, liegt in meinem Zelt und schlaft;
    Bald weck ich euch vielleicht, um irgendwas
    Bei meinem Bruder Cassius zu bestellen.
Varro. Wenn's Euch geliebt, wir wollen stehn und warten.
Brutus.
    Das nicht! Nein, legt euch nieder, meine Freunde. —
      (Die beiden Diener legen sich nieder.)
    Vielleicht verändert noch sich mein Entschluß. —
    Sieh, Lucius, hier das Buch, das ich so suchte:
    Ich steckt' es in die Tasche des Gewandes.
Lucius. Ich wußte wohl, daß mein Gebieter mir
    Es nicht gegeben.
Brutus.   Hab Geduld mit mir,
    Mein guter Junge, ich bin sehr vergeßlich.
    Hältst du noch wohl die müden Augen auf
    Und spielst mir ein paar Weisen auf der Laute?
Lucius. Ja, Herr, wenn's Euch beliebt.
Brutus.   Das tut's, mein Junge.
    Ich plage dich zuviel, doch du bist willig.

L u c i u s. Es ist ja meine Pflicht.
B r u t u s.   Ich sollte dich
    Zur Pflicht nicht über dein Vermögen treiben;
    Ich weiß, daß junges Blut auf Schlafen hält.
L u c i u s. Ich habe schon geschlafen, mein Gebieter.
B r u t u s.
    Nun wohl denn, und du sollst auch wieder schlafen.
    Ich will nicht lang dich halten: wenn ich lebe,
    Will ich dir Gutes tun.
             (Musik und ein Lied.)
    Die Weis' ist schläfrig. – Mörderischer Schlummer!
    Legst du die blei'rne Keul' auf meinen Knaben,
    Der dir Musik macht? – Lieber Schelm, schlaf wohl,
    Ich tu dir's nicht zuleid, daß ich dich wecke.
    Nickst du, so brichst du deine Laut' entzwei;
    Ich nehm sie weg, und schlaf nun, guter Knabe. –
    Laßt sehn! Ist, wo ich aufgehört zu lesen,
    Das Blatt nicht eingelegt? Hier, denk' ich, ist's.
    (Er setzt sich.)
           (Der Geist Cäsars erscheint.)
    Wie dunkel brennt die Kerze! – Ha, wer kommt?
    Ich glaub, es ist die Schwäche meiner Augen,
    Die diese schreckliche Erscheinung schafft.
    Sie kommt mir näher – Bist du irgendwas?
    Bist du ein Gott, ein Engel oder Teufel,
    Der starren macht mein Blut, das Haar mir sträubt?
    Gib Rede, was du bist.
G e i s t.   Dein böser Engel, Brutus.
B r u t u s. Weswegen kommst du?
G e i s t. Um dir zu sagen, daß du zu Philippi
    Mich sehn sollst.
B r u t u s.   Gut, ich soll dich wiedersehn.
G e i s t. Ja, zu Philippi. *(Verschwindet.)*
B r u t u s. Nun, zu Philippi will ich denn dich sehn.
    Nun ich ein Herz gefaßt, verschwindest du;
    Gern spräch' ich mehr mit dir noch, böser Geist. –
    Bursch! Lucius! – Varro! Claudius! wacht auf!
    Claudius!
L u c i u s. Die Saiten sind verstimmt.
B r u t u s. Er glaubt, er sei bei seiner Laute noch.
    Erwache, Lucius!
L u c i u s. Herr?

B r u t u s. Hast du geträumt, daß du so schriest, Lucius?
L u c i u s. Ich weiß nicht, mein Gebieter, daß ich schrie.
B r u t u s. Ja doch, das tatst du; sahst du irgendwas?
L u c i u s. Nichts auf der Welt.
B r u t u s. Schlaf wieder, Lucius. – Heda, Claudius!
    Du, Bursch, wach auf!
V a r r o. Herr?
C l a u d i u s. Herr?
B r u t u s. Weswegen schriet ihr so in eurem Schlaf?
V a r r o und C l a u d i u s. Wir schrieen, Herr?
B r u t u s.   Ja, saht ihr irgendwas?
V a r r o. Ich habe nichts gesehn.
C l a u d i u s.   Ich gleichfalls nicht.
B r u t u s. Geht und empfehlt mich meinem Bruder Cassius;
    Er lasse früh voraufziehn seine Macht,
    Wir wollen folgen.
V a r r o und C l a u d i u s.   Herr, es soll geschehn.
                (Alle ab.)

FÜNFTER AUFZUG

ERSTE SZENE

Die Ebene von Philippi.

(Octavius, Antonius und ihr Heer.)

O c t a v i u s.
    Nun, Mark Anton, wird meine Hoffnung wahr.
    Ihr sprecht[25], der Feind werd auf den Höhn sich halten,
    Und nicht herab in unsre Ebne ziehn.
    Es zeigt sich anders: seine Scharen nahn;
    Sie wollen zu Philippi hier uns mahnen[26]
    Und Antwort geben, eh' wir sie befragt.
A n t o n i u s. Pah, steck ich doch in ihrem Herzen, weiß,
    Warum sie's tun. Sie könnten sich begnügen,
    Nach andern Plätzen hinzuziehn, und kommen
    Mit bangem Trotz, im Wahn, durch diesen Aufzug

25. *You said* (Ihr spracht).
26. *They mean to warn us* (Sie wollen uns zum Kampf stellen).

Uns vorzuspiegeln, sie besitzen Mut.
Allein, dem ist nicht so.
(Ein Bote tritt auf.)
B o t e.   Bereitet euch, ihr Feldherrn.
Der Feind rückt an in wohlgeschloßnen Reihn.
Sein blut'ges Schlachtpanier ist ausgehängt,
Und etwas muß im Augenblick geschehn.
A n t o n i u s. Octavius, führet langsam Euer Heer
Zur linken Hand der Ebne weiter vor.
O c t a v i u s. Zur rechten ich, behaupte du die linke.
A n t o n i u s.
Was kreuzt Ihr mich, da die Entscheidung drängt?
O c t a v i u s. Ich kreuz Euch nicht, doch ich verlang es so[27].
(Marsch.)
(Die Trommel gerührt. Brutus und Cassius kommen mit ih-
rem Heere; Lucilius, Titinius, Messala und andre.)
B r u t u s. Sie halten still und wollen ein Gespräch.
C a s s i u s. Titinius, steh! Wir treten vor und reden.
O c t a v i u s. Antonius, geben wir zur Schlacht das Zeichen?
A n t o n i u s. Nein, Cäsar, laßt uns ihres Angriffs warten.
Kommt, tretet vor! Die Feldherrn wünschen ja
Ein Wort mit uns.
O c t a v i u s.   Bleibt stehn bis zum Signal.
B r u t u s.
Erst Wort, dann Schlag; nicht wahr, Ihr Landsgenossen?
O c t a v i u s.
Nicht daß wir mehr als Ihr nach Worten fragen.
B r u t u s. Gut Wort, Octavius, gilt wohl bösen Streich[28].
A n t o n i u s. Ihr, Brutus, gebt bei bösem Streich gut Wort.
Des zeuget Cäsars Herz, durchbohrt von Euch,
Indes Ihr rieft: »Lang lebe Cäsar, Heil!«
C a s s i u s. Die Führung Eurer Streiche, Mark Anton,
Ist uns noch unbekannt; doch Eure Worte
Begehn an Hyblas Bienen Raub und lassen
Sie ohne Honig.
A n t o n i u s.   Nicht auch stachellos?
B r u t u s. O ja! auch tonlos, denn Ihr habt ihr Summen
Gestohlen, Mark Anton, und drohet weislich,
Bevor Ihr stecht.

---

27. *but I will do so* (aber ich werde so handeln, wie ich sagte).
28. *Good words are better than bad strokes* (gute Worte sind besser
als schlechte Streiche).

Antonius.   Ihr tatet's nicht, Verräter,
          Als Eure schnöden Dolch' einander stachen
          In Cäsars Brust. Ihr zeigtet Eure Zähne
          Wie Affen, krocht wie Hunde, bücktet tief
          Wie Sklaven Euch und küßtet Cäsars Füße;
          Derweil von hinten der verfluchte Casca
          Mit tück'schem Bisse Cäsars Nacken traf.
          O Schmeichler!
Cassius.   Schmeichler! – Dankt Euch selbst nun, Brutus,
          Denn diese Zunge würde heut nicht freveln,
          Wär' Cassius' Rat befolgt.
Octavius.
          Zur Sache! kommt! Macht Widerspruch uns schwitzen,
          So kostet rötre Tropfen der Erweis.
          Seht! auf Verschworne zück ich dieses Schwert:
          Wann, denkt Ihr, geht es wieder in die Scheide?
          Nie, bis des Cäsar dreiundzwanzig Wunden
          Gerächt sind oder bis ein andrer Cäsar
          Mit Mord gesättigt der Verräter Schwert.
Brutus. Cäsar, du kannst nicht durch Verräter sterben,
          Du bringest denn sie mit.
Octavius.   Das hoff ich auch:
          Von Brutus' Schwert war Tod mir nicht bestimmt.
Brutus. O wärst du deines Stammes Edelster,
          Du könntest, junger Mann, nicht schöner sterben.
Cassius. Ein launisch Bübchen, unwert solches Ruhms,
          Gesellt zu einem Wüstling und 'nem Trinker.
Antonius. Der alte Cassius!
Octavius.   Komm, Antonius! fort!
          Trotz in die Zähne schleudr' ich Euch, Verräter!
          Wagt Ihr zu fechten heut, so kommt ins Feld,
          Wo nicht, wenn's Euch gemutet.
          (Octavius und Antonius mit ihrem Heere ab.)
Cassius.
          Nun tobe, Wind! schwill, Woge! schwimme, Nachen!
          Der Strom ist wach und alles auf dem Spiel.
Brutus. Lucilius, hört! Ich muß ein Wort Euch sagen.
Lucilius. Herr?
          (Brutus und Lucilius reden beiseit miteinander.)
Cassius. Messala!
Messala. Was befiehlt mein Feldherr?
Cassius. Messala, dies ist mein Geburtstag; grade

An diesem Tag kam Cassius auf die Welt.
Gib mir die Hand, Messala, sei mein Zeuge,
Daß ich gezwungen, wie Pompejus einst,
An eine Schlacht all unsre Freiheit wage.
Du weißt, ich hielt am Epikurus fest
Und seiner Lehr'; nun änd' ich meinen Sinn
Und glaub an Dinge, die das Künft'ge deuten.
Auf unserm Zug von Sardes stürzten sich
Zwei große Adler auf das vordre Banner;
Da saßen sie und fraßen gierig schlingend
Aus unsrer Krieger Hand; sie gaben uns
Hierher bis nach Philippi das Geleit;
Heut morgen sind sie auf und fortgeflohn.
Statt ihrer fliegen Raben, Geier, Krähn
Uns überm Haupt und schaun herab auf uns
Als einen siechen Raub; ihr Schatten scheint
Ein Trauerhimmel, unter dem das Heer,
Bereit, den Atem auszuhauchen, liegt.

Messala. Nein, glaubt das nicht.

Cassius.   Ich glaub es auch nur halb,
Denn ich bin frisches Mutes und entschlossen,
Zu trotzen standhaft jeglicher Gefahr.

Brutus. Tu das, Lucilius.

Cassius.   Nun, mein edler Brutus,
Sei'n uns die Götter heute hold, auf daß wir
Gesellt in Frieden unserm Alter nahn!
Doch weil das Los der Menschen niemals sicher,
Laßt uns bedacht sein auf den schlimmsten Fall.
Verlieren wir dies Treffen, so ist dies
Das allerletzte Mal, daß wir uns sprechen:
Was habt Ihr dann Euch vorgesetzt zu tun?

Brutus. Ganz nach der Vorschrift der Philosophie,
Wonach ich Cato um den Tod getadelt,
Den er sich gab (ich weiß nicht, wie es kommt,
Allein ich find es feig und niederträchtig,
Aus Furcht, was kommen mag, des Lebens Zeit
So zu verkürzen), will ich mit Geduld
Mich waffnen und den Willen hoher Mächte
Erwarten, die das Irdische regieren.

Cassius. Dann, geht die Schlacht verloren, laßt Ihr's Euch
Gefallen, daß man durch die Straßen Roms
Euch im Triumphe führt?

B r u t u s. Nein, Cassius, nein! Glaub mir, du edler Römer,
Brutus wird nie gebunden gehn nach Rom.
Er trägt zu hohen Sinn. Doch dieser Tag
Muß enden, was des Märzen Idus anfing;
Ob wir uns wieder treffen, weiß ich nicht:
Drum laßt ein ewig Lebewohl uns nehmen.
Gehab dich wohl, mein Cassius, für und für!
Sehn wir uns wieder, nun so lächeln wir;
Wo nicht, so war dies Scheiden wohlgetan.
C a s s i u s. Gehab dich wohl, mein Brutus, für und für!
Sehn wir uns wieder, lächeln wir gewiß,
Wo nicht, ist wahrlich wohlgetan dies Scheiden.
B r u t u s. Nun wohl, führt an[29]! O wüßte jemand doch
Das Ende dieses Tagwerks, eh' es kommt!
Allein es g'nüget, enden wird der Tag,
Dann wissen wir sein Ende. – Kommt und fort!
(Alle ab.)

ZWEITE SZENE

Das Schlachtfeld.

(Getümmel. Brutus und Messala kommen.)

B r u t u s. Reit! reit, Messala! reit! Bring diese Zettel
Den Legionen auf der andern Seite.
(Lautes Getümmel.)
Laßt sie auf einmal stürmen, denn ich merke,
Octavius' Flügel hält nur schwachen Stand:
Ein schneller Anfall wirft ihn übern Haufen.
Reit! reit, Messala! Laß herab sie kommen!
(Beide ab.)

DRITTE SZENE

Ein andrer Teil des Schlachtfeldes.

(Getümmel. Cassius und Titinius kommen.)

C a s s i u s. O sieh, Titinius! sieh! Die Schurken fliehn.
Ich selbst ward meiner eignen Leute Feind:

---

29. *lead on* (beginnt, rückt vor).

Dies unser Banner wandte sich zur Flucht,
Ich schlug den Feigen und entriß es ihm.
Titinius. O Cassius! Brutus gab das Wort zu früh.
Im Vorteil gegen den Octavius, setzt' er
Zu hitzig nach; sein Heer fing an zu plündern,
Indes uns alle Mark Anton umzingelt.
                (Pindarus kommt.)

Pindarus.
Herr, flieht doch weiter! flieht doch weiter weg!
Antonius ist in Euren Zelten, Herr;
Drum, edler Cassius, flieht! Flieht weit hinweg!
Cassius. Der Hügel hier ist weit genug. – Schau, schau,
Titinius! Sind das meine Zelte nicht,
Wo ich das Feuer sehe?
Titinius.   Ja, mein Feldherr.
Cassius. Wenn du mich liebst, Titinius, so besteig
Mein Pferd, setz ihm die Spornen in die Seite,
Bis es zu jener Mannschaft dich gebracht
Und wieder her; damit ich sicher wisse,
Ob jene Mannschaft Freund ist oder Feind.
Titinius. Wie ein Gedanke bin ich wieder hier. *(Ab.)*
Cassius. Geh, Pindarus, steig höher auf den Hügel,
Denn mein Gesicht ist kurz; acht auf Titinius
Und sag mir, was du auf dem Feld entdeckst.
                (Pindarus ab.)
An diesem Tage atmet' ich zuerst;
Die Zeit ist um, und enden soll ich da,
Wo ich begann: mein Leben hat den Kreislauf
Vollbracht. – Du dort, was gibt's?
Pindarus *(oben)*.   O Herr!
Cassius.   Was gibt's?
Pindarus. Titinius ist von Reitern ganz umringt,
Sie jagen auf ihn zu, doch spornt er weiter.
Nun sind sie dicht schon bei ihm – nun Titinius!
Sie steigen ab – er auch – er ist gefangen,
Und horcht! sie jubeln laut.
                (Freudengeschrei.)
Cassius. Steig nur herunter, sieh nicht weiter zu. –
O Memme, die ich bin, so lang zu leben,
Bis ich den besten Freund vor meinen Augen
Gefangen sehen muß!
                (Pindarus kommt zurück.)

                Komm, Bursch, hierher!
Ich macht' in Parthia dich zum Gefangnen
Und ließ dich schwören, deines Lebens Retter,
Was ich nur immer tun dich hieß', du wollest
Es unternehmen. Komm nun, halt den Schwur!
Sei frei nun, und mit diesem guten Schwert,
Das Cäsars Leib durchbohrt, triff diesen Busen.
Erwidre nichts! Hier fasse du das Heft,
Und ist mein Angesicht verhüllt, wie jetzt,
So führ das Schwert. – Cäsar, du bist gerächt,
Und mit demselben Schwert, das dich getötet. *(Er stirbt.)*

P i n d a r u s. So bin ich frei, doch wär' ich's lieber nicht,
      Hätt' es auf mir beruht. – O Cassius!
      Weit weg flieht Pindarus von diesem Lande,
      Dahin, wo nie ein Römer ihn bemerkt. *(Ab.)*
           (Titinius und Messala kommen.)

M e s s a l a. Es ist nur Tausch, Titinius; denn Octav
      Ward von des edlen Brutus' Macht geschlagen,
      Wie Cassius' Legionen vom Antonius,

T i t i n i u s. Die Zeitung wird den Cassius sehr erquicken.

M e s s a l a. Wo ließt Ihr ihn?

T i t i n i u s.   Ganz trostlos, neben ihm
      Sein Sklave Pindarus, auf diesem Hügel.

M e s s a l a. Ist er das nicht, der auf dem Boden liegt?

T i t i n i u s. Er liegt nicht da wie lebend. – O mein Herz!

M e s s a l a. Nicht wahr? er ist es?

T i t i n i u s.   Nein, er war's, Messala:
      Doch Cassius ist nicht mehr. – O Abendsonne!
      Wie du in deinen roten Strahlen sinkst,
      So ging in Blut der Tag des Cassius unter.
      Die Sonne Roms ging unter; unser Tag
      Ist hingeflohn: nun kommen Wolken, Tau,
      Gefahren; unsre Taten sind getan.
      Mißtraun in mein Gelingen bracht' ihn um.

M e s s a l a. Mißtraun in guten Ausgang bracht' ihn um,
      O hassenswerter Wahn! der Schwermut Kind!
      Was zeigst du doch dem regen[30] Witz der Menschen
      Das, was nicht ist? O Wahn, so bald empfangen!
      Zu glücklicher Geburt gelangst du nie,
      Und bringst die Mutter um, die dich erzeugt.

---

30. apt (willig, leicht zu täuschen).

Titinius. Auf, Pindarus! Wo bist du, Pindarus?
Messala. Such ihn, Titinius; ich indessen will
    Zum edlen Brutus und sein Ohr durchbohren
    Mit dem Bericht. Wohl nenn ich es durchbohren,
    Denn scharfer Stahl und gift'ge Pfeile würden
    Dem Ohr des Brutus so willkommen sein
    Als Meldung dieses Anblicks.
Titinius.   Eilt, Messala!
    Ich suche Pindarus indessen auf.
            (Messala ab.)
    Warum mich ausgesandt, mein wackrer Cassius?
    Traf ich nicht deine Freunde? Setzten sie
    Nicht diesen Siegeskranz auf meine Stirn,
    Ihn dir zu bringen? Vernahmst du nicht ihr Jubeln?
    Ach, jeden Umstand hast du mißgedeutet!
    Doch halt, nimm diesen Kranz um deine Stirn;
    Dein Brutus hieß mich dir ihn geben, ich
    Vollführe sein Gebot. — Komm schleunig, Brutus,
    Und sieh, wie ich den Cajus Cassius ehrte!
    Verzeiht, ihr Götter! — Dies ist Römerbrauch:
    Komm, Cassius' Schwert! triff den Titinius auch.
    (Er stirbt.)
(Getümmel. Messala kommt zurück mit Brutus, dem jungen
      Cato, Strato, Volumnius und Lucilius.)
Brutus. Wo? wo, Messala? sag, wo liegt die Leiche?
Messala. Seht, dort! Titinius trauert neben ihr.
Brutus. Titinius' Antlitz ist emporgewandt.
Cato. Er ist erschlagen.
Brutus. O Julius Cäsar! Du bist mächtig noch.
    Dein Geist geht um: er ist's, der unsre Schwerter
    In unser eignes Eingeweide kehrt.
           (Lautes[31] Getümmel.)
Cato. Mein wackrer Freund Titinius! Seht doch her,
    Wie er den toten Cassius gekränzt!
Brutus. Und leben noch zwei Römer, diesen gleich?
    Du letzter aller Römer, lebe wohl!
    Unmöglich ist's, daß Rom je deinesgleichen
    Erzeugen sollte. — Diesem Toten, Freunde,
    Bin ich mehr Tränen schuldig, als ihr hier
    Mich werdet zahlen sehn: aber, Cassius,

---

31. *low* (leise).

Ich finde Zeit dazu, ich finde Zeit.
Drum kommt und schickt nach Thassos seine Leiche,
Er soll im Lager nicht bestattet werden;
Es schlüg' uns nieder. – Komm, Lucilius!
Komm, junger Cato! Zu der Walstatt hin!
Ihr, Flavius und Labeo, laßt unsre Scharen rücken!
Es ist drei Uhr, und, Römer, noch vor Nacht
Versuchen wir das Glück in einer zweiten Schlacht.
(Alle ab.)

VIERTE SZENE

Ein andrer Teil des Schlachtfeldes.

*(Getümmel. Soldaten von beiden Heeren, fechtend; darauf
Brutus, Cato, Lucilius und andre.)*

B r u t u s. Noch, Bürger, o noch haltet hoch die Häupter!
C a t o. Ein Bastard der's nicht tut! Wer will mir folgen?
Ich rufe meinen Namen durch das Feld:
Ich bin der Sohn des Marcus Cato, hört!
Feind der Tyrannen, Freund des Vaterlands!
Ich bin der Sohn des Marcus Cato, hört!
B r u t u s [31a] *(dringt auf den Feind ein).*
Und ich bin Brutus, Marcus Brutus, ich;
Des Vaterlandes Freund: kennt mich als Brutus!
*(Ab, indem er auf den Feind eindringt. Cato wird über-
wältigt und fällt.)*
L u c i l i u s. O junger, edler Cato! bist du hin?
Ja! tapfer wie Titinius stirbst du nun,
Man darf dich ehren als des Cato Sohn.
E r s t e r S o l d a t. Ergib dich oder stirb.
L u c i l i u s.   Nur um zu sterben
Ergeb ich mich. Hier ist so viel für dich,
              (bietet ihm Geld an.)[32]
Daß du sogleich mich töten wirst: nun töte
Den Brutus, und es ehre dich sein Tod.
E r s t e r S o l d a t.
Wir müssen's nicht[33]. – Ein edler Gefangner.

31a. Sprecherangabe fehlt in der Folio, auch Lucilius möglich.
32. Falsch interpretierende Regiebemerkung, die erst später unberech-
tigt in den Text kam.
33. *We must not* (Wir dürfen nicht).

Z w e i t e r S o l d a t. Platz da!
>   Sagt dem Antonius, daß wir Brutus haben.
E r s t e r S o l d a t.
>   Ich will es melden. – Sieh, da kommt der Feldherr.
>   *(Antonius tritt auf.)*
>   Wir haben Brutus, Herr! wir haben Brutus!
A n t o n i u s. Wo ist er?
L u c i l i u s. In Sicherheit; Brutus ist sicher g'nug.
>   Verlaß dich drauf, daß nimmermehr ein Feind
>   Den edlen Brutus lebend fangen wird.
>   Die Götter schützen ihn vor solcher Schmach!
>   Wo Ihr ihn findet, lebend oder tot,
>   Er wird wie Brutus, wie er selbst, sich zeigen.
A n t o n i u s.
>   Dies ist nicht Brutus, Freund, doch auf mein Wort,
>   Ein nicht geringrer Fang. Verwahrt ihn wohl,
>   Erweist nur Gutes ihm: ich habe lieber
>   Zu Freunden solche Männer als zu Feinden.
>   Eilt! seht, ob Brutus tot ist oder lebt!
>   Und bringt Bericht zu des Octavius Zelt,
>   Wie alles sich begeben.
>   *(Alle ab.)*

FÜNFTE SZENE

Ein andrer Teil des Schlachtfeldes.

(Brutus, Dardanius, Clitus, Strato und Volumnius treten auf.)

B r u t u s. Kommt, armer Überrest von Freunden! ruht
>   An diesem Felsen.
C l i t u s.   Herr, Statilius zeigte
>   Das Fackellicht, doch kommt er nicht zurück.
>   Er ist gefangen oder gar erschlagen.
B r u t u s. Setz dich zu mir. Erschlagen ist das Wort[34],
>   Es ist des Tages Sitte. – Höre, Clitus!
>   *(Spricht leise mit ihm.)*
C l i t u s. Wie, gnäd'ger Herr? Ich? Nicht um alle Welt.
B r u t u s. Still denn! kein Wort!
C l i t u s.   Eh' tötet' ich mich selbst.

34. im Sinn von: das Motto, die Losung.

B r u t u s. Dardanius, hör! *(Spricht leise mit ihm.)*
D a r d a n i u s.   Ich eine solche Tat?
C l i t u s. O Dardanius!
D a r d a n i u s. O Clitus!
C l i t u s. Welch einen schlimmen Antrag tat dir Brutus?
D a r d a n i u s. Ich sollt' ihn töten, Clitus: sieh, er sinnt.
C l i t u s. Nun ist das herrliche Gefäß voll Gram,
    So daß es durch die Augen überfließt.
B r u t u s. Komm zu mir, Freund Volumnius: ein Wort!
V o l u m n i u s. Was sagt mein Feldherr?
B r u t u s.   Dies, Volumnius.
    Der Geist des Cäsar ist zu zweien Malen
    Mir in der Nacht erschienen; erst zu Sardes
    Und vor'ge Nacht hier in Philippis Ebne.
    Ich weiß, daß meine Stunde kommen ist.
V o l u m n i u s. Nicht doch, mein Feldherr.
B r u t u s. O ja, es ist gewiß, Volumnius:
    Du siehst die Welt, mein Guter, wie sie geht:
    Der Feind hat uns zum Abgrund hingetrieben;
              (Getümmel.)
    Es ziemt sich mehr, von selbst hineinzuspringen,
    Als zu erwarten seinen letzten Stoß.
    Volumnius, wir gingen in die Schule
    Zusammen, wie du weißt. Ich bitte dich
    Um jener unsrer alten Liebe willen:
    Halt du mein Schwert, indes ich drein mich stürze.
V o l u m n i u s.
    Das, Brutus, ist kein Dienst für einen Freund.
        (Fortdauerndes Getümmel.)
C l i t u s.
    Flieht, Herr! o flieht! Hier gilt kein Säumen mehr.
B r u t u s.
    Lebt wohl denn, Ihr – und Ihr – und Ihr, Volumnius.
    Du, Strato, lagst die ganze Zeit im Schlaf:
    Leb wohl auch du! – Mitbürger, meinem Herzen
    Ist's Wonne, daß ich noch im ganzen Leben
    Nicht einen fand, der nicht getreu mir war.
    Ich habe Ruhm von diesem Unglückstage,
    Mehr als Octavius und Mark Anton
    Durch diesen schnöden Sieg erlangen werden.
    So lebt zusammen wohl! Denn Brutus' Zunge
    Schließt die Geschichte seines Lebens bald.

Nacht deckt mein Auge, mein Gebein will Ruh',
    Es strebte längst nur nach dieser Stunde nach.
(*Getümmel. Geschrei hinter der Szene:* Flieht! flieht! flieht!)
C l i t u s. Flieht, Herr! o flieht!
B r u t u s.   Nur fort! Ich will euch folgen.
        (*Clitus, Dardanius und Volumnius ab.*)
    Ich bitt dich, Strato, bleib bei deinem Herrn.
    Du bist ein Mensch von redlichem Gemüt,
    In deinem Leben war ein Funken Ehre.
    Halt denn mein Schwert und wende dich hinweg,
    Indes ich drein mich stürze. Willst du, Strato?
S t r a t o. Gebt erst die Hand mir. Herr, gehabt Euch wohl!
B r u t u s.
    Leb wohl, mein Freund! – Besänft'ge, Cäsar, dich!
    Nicht halb so gern bracht' ich dich um als mich.
    (*Er stürzt sich auf sein Schwert und stirbt.*)
(*Getümmel. Rückzug. Octavius, Antonius, mit ihrem Heere,
        Messala und Lucilius kommen.*)
O c t a v i u s. Wer ist der Mann?
M e s s a l a.   Der Diener meines Herrn.
    Strato, wo ist dein Herr?
S t r a t o. Frei von den Banden, die Ihr tragt, Messala.
    Die Sieger können nur zu Asch' ihn brennen,
    Denn Brutus unterlag allein sich selbst,
    Und niemand sonst hat Ruhm von seinem Tode.
L u c i l i u s.
    So mußten wir ihn finden. – Dank dir, Brutus,
    Daß du Lucilius' Rede wahr gemacht.
O c t a v i u s. Des Brutus Leute nehm ich all in Dienst.
    Willst du in Zukunft bei mir leben, Bursch?
S t r a t o. Ja, wenn Messala mich Euch überläßt.
O c t a v i u s. Tut mir's zulieb, Messala.
M e s s a l a. Strato, wie starb mein Herr?
S t r a t o. Ich hielt das Schwert, so stürzt' er sich hinein.
M e s s a l a. Octavius, nimm ihn denn, daß er dir folge,
    Der meinem Herrn den letzten Dienst erwies.
A n t o n i u s. Dies war der beste Römer unter allen:
    Denn jeder der Verschwornen, bis auf ihn,
    Tat, was er tat, aus Mißgunst gegen Cäsar.
    Nur er verband aus reinem Biedersinn[35],

---

35. *in a general honest thought* (mit redlichen Absichten für die All-
gemeinheit).

    Und zum gemeinen Wohl sich mit den andern.
    Sanft war sein Leben, und so mischten sich
    Die Element' in ihm, daß die Natur
    Aufstehen durfte und der Welt verkünden:
    Dies war ein Mann!
O c t a v i u s. Nach seiner Tugend laßt uns ihm begegnen,
    Mit aller Achtung und Bestattungsfeier.
    Er lieg' in meinem Zelte diese Nacht,
    Mit Ehren wie ein Krieger angetan.
    Nun ruft das Heer zur Ruh', laßt fort uns eilen
    Und dieses frohen Tags Trophäen teilen.
                    (Alle ab.)

ZU DIESER AUSGABE

Der heutige Text des *Julius Cäsar* geht auf die erste Gesamt-
ausgabe der Dramen Shakespeares von 1623 (nach dem For-
mat ›Folio‹ genannt) zurück. Andere, spätere Textfassungen
sind ohne Belang.

Grundlage dieser Edition ist die Übersetzung von August
Wilhelm von Schlegel in der letzten zu seinen Lebzeiten ver-
öffentlichten Fassung, die 1843/44 erschien. In dieser Aus-
gabe fehlende Stellen sind in spitzen Klammern ⟨ ⟩ in den
Text gesetzt, soweit sie in früheren Ausgaben oder in den
Manuskripten Schlegels auffindbar sind. Orthographie und
Interpunktion wurden modernisiert.

Stellen, die von Schlegel nicht übersetzt wurden, erscheinen als Fußnoten im englischen Original und in möglichst
wörtlicher Übersetzung des Herausgebers.

Offensichtliche Mißverständnisse und gravierende Sinn-
entstellungen Schlegels sind ebenfalls in Fußnoten verzeich-
net. Es gibt außerdem noch viele Stellen, deren Verständnis
sowohl im Original als auch in Schlegels Übersetzung disku-
tiert werden müßte. Das kann jedoch nicht Sinn dieser Ausgabe sein, die einen einfachen Lesetext bietet.

Die von Schlegel teils nachlässig behandelten, teils sinn-
gemäß erweiterten Szenen- und Regiebemerkungen wurden
soweit als möglich beibehalten oder behutsam nach den
sparsamen Angaben der Folio korrigiert.

Bei der Durchsicht der Schlegelschen Übersetzung wurden
die wichtigsten englischen Gesamtausgaben und Einzelaus-
gaben des *Julius Cäsar* herangezogen.

Der Mord an Julius Cäsar beschäftigt seit über 2000 Jah-
ren die Menschheit. Besondere Bedeutung aber hatte das
Thema für die Renaissance, auch im elisabethanischen Eng-
land. Der Stoff wurde häufig dramatisch behandelt. Als
echte Quelle für Shakespeares Tragödie können jedoch nur
die Lebensbeschreibungen des Plutarch gelten, die durch die
englische Übersetzung von Thomas North (1579) besonders
bekannt wurden. Shakespeare hat nachweislich Plutarchs

Cäsar, Brutus und *Antonius* benutzt. Das Drama ist freilich allein Shakespeares Leistung.

Verläßliche Dokumente lassen es als sicher erscheinen, daß *Die Tragödie von Julius Cäsar* im Herbst 1599 im Londoner Globe Theatre uraufgeführt wurde. Die sofortige Popularität des Stücks spiegelt sich in vielen zeitgenössischen Zitaten, vor allem bei Ben Jonson.

1626 wurde *Julius Cäsar* zum ersten Mal in Dresden gespielt. Die erste deutsche Übersetzung stammt von Wieland aus dem Jahre 1764. Schlegels Übersetzung, die 1797 erschien, brachte Goethe 1803 in Weimar zum ersten Mal auf die Bühne ohne Kürzungen. Schlegels Shakespeare-Übersetzungen (auch sein *Julius Cäsar*) sind zwar nicht frei von Fehlern und fordern zuweilen unsere Kritik heraus, wurden aber trotz aller modernen Versuche noch nicht übertroffen.

Hingewiesen sei auf die neue zweisprachige Ausgabe des Stückes (mit Prosaübersetzung und Kommentar) in Reclams Universal-Bibliothek Nr. 9816 [3].